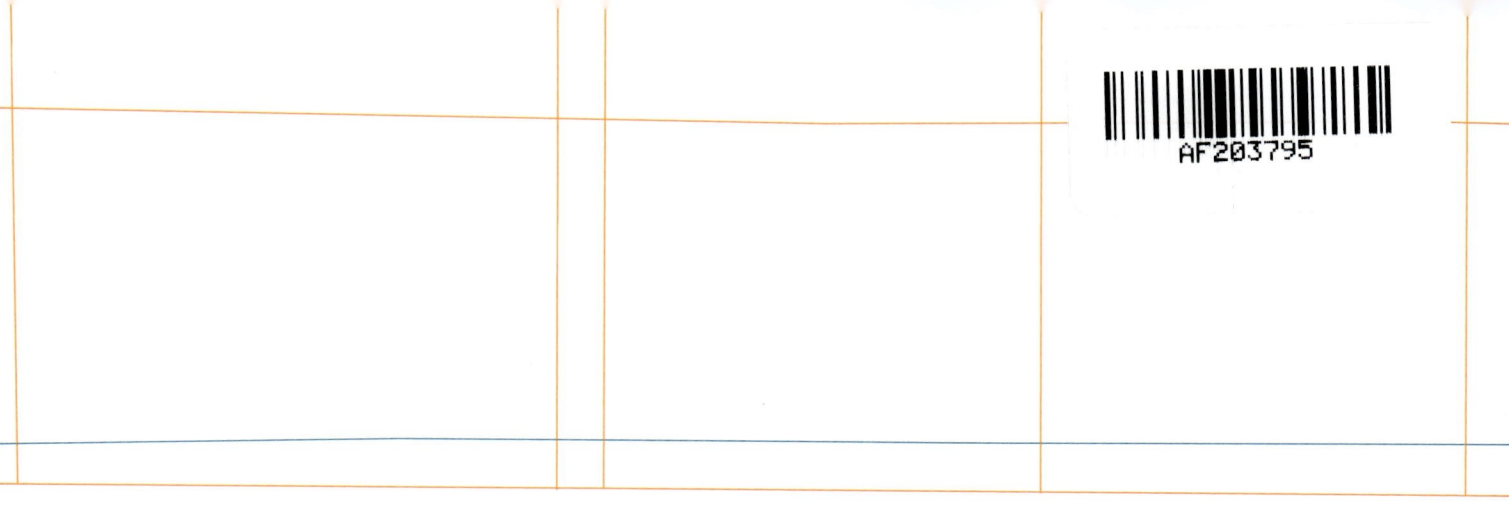

AF203795

deutsch.kompetent

Arbeitsheft

7

Erarbeitet von:
Christel Ellerich
Melanie Grimm
Susanne Jugl-Sperhake
Rosemarie Lange
Elisabeth Schuchart
Barbara Schugk

Ernst Klett Verlag

Stuttgart · Leipzig · Dortmund

So funktioniert der deutsch.kompetent-Code auf www.klett.de

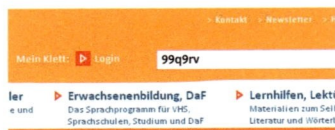

Der Code führt dich zu weiteren Materialien, wie zum Beispiel Hörtexten und Arbeitsblättern. Geh auf **www.klett.de/online**. Gib dort den Code in der Suchleiste ein, zum Beispiel **99q9rv**.

 Hörtext
Mit Popstars
auf die Laufbahn
99q9rv

Differenzierung

- ○ leicht
- ◐ mittel
- ● schwer

1. Auflage

1 14 13 12 11 10 | 26 25 24 23 22

Alle Drucke dieser Auflage sind unverändert und können im Unterricht nebeneinander verwendet werden. Die letzte Zahl bezeichnet das Jahr des Druckes.

Autorinnen: Christel Ellerich, Stolberg; Melanie Grimm, Achern; Susanne Jugl-Sperhake, Lippersdorf; Rosemarie Lange, Ruttersdorf; Claudia Lübeck, Isny; Elisabeth Schuchart, Leipzig; Barbara Schugk, Rade
Redaktion: Ulrike Wünschirs, Leipzig
redaktionelle Mitarbeit: Christina Lange, Jena

Entstanden in Zusammenarbeit mit dem Projektteam des Verlages.

Umschlag und Layoutkonzeption: Petra Michel, Gestaltung und Typografie, Bamberg
Illustrationen: Axel Fahl, Reichelsheim; Pe Grigo, Bielefeld
Satz: tiff.any, Berlin
Reproduktion: Meyle + Müller GmbH + Co. KG, Pforzheim
Druck: Druckhaus Götz GmbH, Ludwigsburg

Printed in Germany
ISBN 978-3-12-316027-1

Lösungen Arbeitsheft deutsch.kompetent 7

Sich und andere informieren
Sachtexte erschließen und zusammenfassen

Seite 5

1. keine Lösung

2.

Autor	Erich Übelacker
Titel	Haben wir eine innere Uhr?
Textart	Sachtext
Kernaussage (Worum geht es?)	Der Mensch verfügt über eine innere Uhr, die in der Regel einem 24-Stunden-Rhythmus folgt.

3. Erich Übelacker zeigt in seinem Sachtext „Haben wir eine innere Uhr?", dass der Mensch über eine innere Uhr verfügt, die in der Regel einem 24-Stunden-Rhythmus folgt.

4. keine Lösung

Seite 6

5. **Philosoph:** ein Mensch, der nach Erkenntnis und Wahrheit strebt, der Antworten auf Fragen des Lebens sucht; **Relativitätstheorie:** von A. Einstein begründete Theorie zur Struktur von Raum, Zeit und Bewegung; **absolut:** uneingeschränkt, unangefochten, total, wahr; **Schwarzes Loch:** ein Himmelskörper mit so starker Anziehungskraft, dass daraus nicht mal Licht entweichen kann; **Urknall:** nach einer physikalischen Theorie Beginn des Weltalls durch eine Art Explosion aus einem einzigen, winzigen Punkt von unvorstellbar dicht gedrängter Materie

6. **Abschnitt 1:** Was ist Zeit?; **Abschnitt 2:** Die Zeitmessung damals und heute; **Abschnitt 3:** Die Zeit aus der Sicht der Wissenschaft und in unserem täglichen Leben

7. In dem Vorwort des Sachbuches „Die Zeit" nähert sich Erich Übelacker zunächst dem Begriff der Zeit. Im Anschluss informiert er über die Themen des Buches, nämlich die Möglichkeiten der Zeitmessung in Vergangenheit und Gegenwart und die Grenzfragen der heutigen Wissenschaft über die Zeit. Im Wesentlichen aber sollen die zeitlichen Belange des täglichen Lebens behandelt werden.

8. zum Beispiel:
Hauptteil:
- ständige und vielfältige Bemühungen, die Zeit zu messen, da sie das tägliche Leben bestimmt
- Möglichkeiten vergangener Zeitmessung: Sonnen- und Pendeluhren, Kalender
- Möglichkeiten der heutigen Zeitmessung: präzise arbeitende Atomuhren

- Entdeckung einer inneren Uhr bei Mensch und Tier
- wissenschaftliche Erkenntnis unseres Jahrhunderts: Zeit ist relativ
- wissenschaftliche Grenzfrage: Hat es die Zeit schon immer gegeben?

Schluss: Begriffe des alltäglichen Lebens wie Kalender, Uhr, Schaltjahr, Sommerzeit stehen im Mittelpunkt des Buches.

1. keine Lösung

Einen Vortrag vorbereiten und halten

Seite 8

2. zum Beispiel:
Mein Thema: „Zeitumstellung"
Fragen, die ich klären möchte: Wer führte die Sommerzeit ein? Erfolgt die Zeitumstellung jedes Jahr am gleichen Datum? Gibt es in allen Ländern eine Winter- und Sommerzeit? Macht die Zeitumstellung nicht nur Menschen, sondern auch Tieren zu schaffen?
Mein Thema: „Innere Uhr"
Fragen, die ich klären möchte: Wie tickt die innere Uhr von Menschen, die in Schichten arbeiten? Warum fällt es manchen Menschen so schwer, morgens früh aufzustehen? Ist es möglich, die innere Uhr auszutricksen?

3.–5. abhängig von Schülerbeiträgen

Das kannst du jetzt!

Seite 9

1. zum Beispiel:
Im Beitrag „Die innere Uhr der Kinder tickt anders" der Webseite NetDoktor.de gibt der Autor Oliver Lanner Befunde des Chronobiologen Jürgen Zulley wieder. Dieser erläutert zum einen, welche Probleme entstehen, wenn der natürliche Takt der inneren Uhr und der erlebte Tagesrhythmus bei Kindern nicht übereinstimmen. Zum anderen zeigt er aber auch mögliche Lösungsansätze auf. Untersuchungen des Schlafmedizinischen Zentrums in Regensburg belegen, dass Kinder und Jugendliche über einen anderen biologischen Rhythmus als Erwachsene verfügen. Ihre innere Uhr ist zwischen halb sieben und um sieben Uhr morgens auf einem Tiefpunkt, sodass der frühe Start in den Tag oft mit Problemen verbunden ist. Um Müdigkeit, Appetitlosigkeit oder Konzentrationsschwächen zu vermeiden, schlägt Jürgen Zulley einen späteren Schulbeginn vor und verweist dabei auf Erfolge, die andere Länder damit erzielen. Zulley rät Eltern, morgens viel helles Licht als „biologischen Wecker" einzusetzen und auf eine feste Schlafenszeit ohne spätes Fernsehen zu achten.

Die abgebildete physiologische Leistungskurve eines Erwachsenen zeigt hingegen ein anderes Bild. Die Leistung eines Erwachsenen steigt ab 4:00 Uhr morgens steil an. Bereits ab 6:00 Uhr ist eine Leistungsfähigkeit von 100 % erreicht. Die Kurve zeigt einen Leistungsgipfel um zehn Uhr vormittags sowie einen zweiten kleineren gegen 20:00 Uhr abends. Dazwischen liegt ein Tief mit einer minimalen Leistungsfähigkeit zwischen 14:00 und 16:00 Uhr nachmittags. Nach 20:00 Uhr abends erfolgt ein kontinuierlicher Leistungsabfall.

So lässt sich abschließend bestätigen, dass der 24-Stunden-Rhythmus von Kindern und Erwachsenen verschieden ist.

2. abhängig von Schülerbeiträgen

Extra: Üben

Seite 10
1. keine Lösung

2. a) Kerze **b)** Sonnenuhr **c)** Wasseruhr
d) Quarzuhr

Seite 11
3. Vor Jahrtausenden nutzten die Menschen die Natur, um die Zeit zu messen: Sonne, Wasser, Öl, Sand und Feuer. Die Menschen orientierten ihre Zeitmessung lange an der gleichmäßig verlaufenden Erdumdrehung von 24 Stunden.
Durch die Einführung der elektronischen Zeitmessung bemerkte man, dass es bei der Erdumdrehung von 24 Stunden zeitliche Abweichungen gibt.
Sonnenuhren in Parks oder Gärten dienen heute als Schmuckelemente. Als Zeitmesser haben sie keine Bedeutung mehr.

4. „Zum Schluss möchte ich euch ein Zitat vorlesen: …“; „All das hat mich ziemlich nachdenklich gemacht und ich habe mich gefragt, ob …/wie …/warum … Aber das wäre ein Thema für einen neuen Vortrag.“; „Habt ihr noch Fragen zu meinem Vortrag?“; „Ich fasse also noch einmal die wichtigsten Punkte zusammen: …“; „Zum Schluss möchte ich gern meine eigene Meinung zu der Frage darlegen: …“

Ein Thema erörtern

Argumentieren

Seite 12
1./2. abhängig von Schülerbeiträgen

Seite 14
3.

Name	Argument	Beispiel
Maria	Zum Informationsaustausch nicht zwingend notwendig	Ich komme auch so an alle relevanten Informationen.
	Bedenken, vor dem Computer zu vereinsamen	Ich treffe mich lieber im wirklichen Leben mit meinen Freunden.
Ole	Gefahr von Mobbing	Mitschüler haben ein falsches Profil von mir erstellt
	Möglichkeit der Sucht	Ein Mitschüler hängt nur noch an seinem Handy, um Postings zu lesen.
Markus Krieger	Datenschutz ist nicht garantiert und muss jeder für sich selbst übernehmen	Eine Kollegin veröffentlichte für alle sichtbar sehr persönliche Nachrichten und wurde von Kollegen und Schülern daraufhin ungewollt angesprochen.
Franz Förster	Das Internet vergisst nichts	Die veröffentlichten Daten können vom späteren Arbeitgeber eingesehen werden, auch wenn sie gelöscht wurden.

4./5. abhängig von Schülerbeiträgen

Verschiedene Textarten nutzen, um Adressaten zu überzeugen

Seite 15
1./2. abhängig von Schülerbeiträgen

Das kannst du jetzt!

Seite 16
1. Argumente: 1. Das Tragen von Schulkleidung ist freiwillig. **2.** Alle Schüler sehen gleich aus. **Beispiele: zu 1.:** In einigen Deutschen Schulen gibt es Schulkleidung, aber man muss sie nicht anziehen. **zu 2.:** An südafrikanischen Schulen kann der Benachteiligung von dunkelhäutigen Menschen durch Schuluniformen entgegengewirkt werden.
Gegenargumente: 1. Schuluniformen sind teuer. **2.** Die strengen Kleidungsvorschriften haben auch Nachteile. **Beispiele: zu 1.:** In Großbritannien beschweren sich Eltern, dass sie gezwungen seien, überteuerte Schulkleidung zu kaufen. **zu 2.:** In manchen britischen Schulen dürfen die Mädchen keine Hosen tragen. Die Pflicht, das Wappen der Schule zu tragen, kann außerdem zu Diskriminierungen führen.

2. abhängig von Schülerbeiträgen

Extra: Üben
Seite 17

1. Zunächst einmal ist es eine Tatsache, dass …; Dies zeigt sich auch an …; Dabei muss man beachten, dass …; In diesem Zusammenhang ist auch wichtig, dass …; Daraus ergibt sich, dass …; Deshalb kann man nur zu dem Schluss kommen, dass …; Ein besonders wichtiger Punkt ist …; Man darf nicht vergessen, dass…; Hinzu kommt, dass …

2. abhängig von Schülerbeiträgen

Sachlich und subjektiv beschreiben
Komplexe Gegenstände vergleichend beschreiben

Seite 18

1. keine Lösung

2. Sucher, Blende, Objektiv, Filmtransporthebel, Menü

Seite 19

3. Die **Videotaste** aktiviert die Funktion Videoaufnahme. Die **Auswahlschalter (REC/Wiedergabe)** legen die Funktion Videoaufnahme oder Abspielen der Filmaufnahme fest. Der **Lautsprecher** gibt den Ton einer Filmaufnahme wieder, das **Mikrofon** zeichnet ihn auf.

4. Unterschiede

Merkmal/ Vergleichs- kriterium	Typ 1	Typ2
Arbeitsweise	analog	**digital**
Speicher- medium	**Filmmaterial**	Speicherkarte
Kontrolle der Aufnahme	**nach Filment- wicklung**	sofort möglich
Bild- verarbeitung	Labor	**in der Kamera**
Bildpräsen- tation	Fotoabzug, **Dia**	Fotoausdruck, **Kamera, Computer, CD, Stick, Fernsehen, Beamer, Internet**

Gemeinsamkeiten

Merkmal/ Vergleichs- kriterium	Typ 1	Typ2
Funktion	Bilder aufzeichnen	
Funktions- teile	Sucher, Blitz, **Auslöser, Objektiv, Zoom**	
Energiequelle	Batterie	

5. zum Beispiel:
   … Im Gegensatz zur Digitalkamera arbeitet eine analoge Kamera mit einem lichtempfindlichen Film, der in einem Labor zu einem Negativ entwickelt wird. Während davon vor allem Fotoabzüge oder Dias hergestellt werden, verfügt die digitale Aufnahme über eine Vielzahl von Präsentationsmöglichkeiten. Denn im Unterschied zur analogen Kamera speichern digitale Sensoren Bilder auf einer Speicherkarte, deren Verarbeitung noch in der Kamera stattfindet. Später können die Bilder mit Hilfe des Computers sichtbar gemacht und bearbeitet werden. Über Fernseher oder Beamer können Bilder einem größeren Publikum präsentiert werden. Eine Entscheidung für oder gegen ein System hängt von den Zielen beim Fotografieren ab. Jede Kamera ist in der Lage, qualitätsvolle Bilder zu schießen.

Eine Landschaft subjektiv beschreiben

Seite 20

1. Der Erzähler ist beeindruckt von den Tannen des Waldes, die trotz schwieriger Bedingungen hoch gewachsen sind. Viele der Tannen mussten ihre Wurzeln um die umherliegenden Granitblöcke winden oder sie sogar sprengen, um Halt und Nahrung im steinernen Boden zu finden.

2. abhängig von Schülerbeiträgen

3. zum Beispiel:
   objektive Formulierungen: „eine Waldung himmelhoher Tannen" (Zeile 1); „Der Berg ist hier mit vielen großen Granitblöcken übersät, und die meisten Bäume mussten mit ihren Wurzeln diese Steine umranken oder sprengen" (Zeile 3–5); „den Boden suchen, woraus sie Nahrung schöpfen können" (Zeile 5), „Hier und da liegen die Steine, … und oben darauf stehen die Bäume, die nackten Wurzeln über jene Steinpforte hinziehend, und erst am Fuße derselben den Boden erfassend" (Zeile 5–8)
   subjektive Formulierungen: „fröhlich" (Zeile 1); „für die ich in jeder Hinsicht Respekt habe" (Zeile 1/2); „Diesen Bäumen ist nämlich das Wachsen nicht so ganz leicht gemacht worden, und sie haben es sich in der Jugend sauer werden lassen" (Zeile 2/3); „mühsam den Boden suchen" (Zeile 5); „gleichsam ein Tor bildend" (Zeile 6); „so dass sie in der freien Luft zu wachsen scheinen" (Zeile 8); „und mit dem umklammerten Stein wie zusammengewachsen ‚stehen die fester als ihre bequemen Kollegen im zahmen Forstboden des flachen Landes" (Zeile 10/11)

4. „sie haben es sich in der Jugend sauer werden lassen" (Zeile 3); „und doch haben sie sich zu jener gewaltigen Höhe emporgeschwungen" (Zeile 9)

5. zum Beispiel:
   Der Aufstieg auf den Berg fällt dem Erzähler leicht. Heiter läuft er in die Natur des Harzes hinein. Erstaunt und begeistert ist er von einer Waldung „himmelhoher Tannen". Respektvoll steht der Erzähler vor diesen hohen Bäumen. Denn sie mussten sich wegen der kargen Steinlandschaft ihr Überleben erkämpfen, indem sie mit ihren freiliegenden Wurzeln die großen Granitblöcke umranken

oder sogar sprengten. Trotz der mühsamen Suche nach nahrhaftem Boden erreichten die Bäume eine „gewaltige Höhe". Der Erzähler entdeckt Parallelen zu menschlichem Verhalten. Die Bäume haben sich trotz schwieriger Bedingungen entwickelt und Wege zum Wachsen und Gedeihen gefunden. Diese Mühen haben sie stark gemacht.

Das kannst du jetzt!

Seite 21

1./2. abhängig von Schülerbeiträgen

Extra: Üben

Seite 22

1. zum Beispiel:
Sowohl, als auch, beide, Im Gegensatz, jedoch, bestehen Unterschiede, Während, abweichend vom, im Unterschied

2. zum Beispiel:
haben, besitzen, aufweisen, zu ihm gehören, zur Verfügung stehen, ausgestattet sein

3. abhängig von Schülerbeiträgen

Seite 23

4. keine Lösung

5. zum Beispiel:
Weitere Hinweise: Beschreibe mehr Details der Landschaft. Benenne dabei Eindrücke und Erlebnisse nicht nur, sondern teile dem Leser auch deine Empfindungen anschaulich mit. Achte auf eine abwechslungsreiche, passende und der beschriebenen Situation nicht widersprechende Wortwahl.
Überarbeitete Landschaftsbeschreibung: abhängig von Schülerbeiträgen

Zu literarischen Texten schreiben
Die Vorgeschichte zu einer Erzählung schreiben

Seite 25

1. **Wer?** Berend (Beer) Lighthart; **Wo?** im Krankenhaus; **Wann?/Wie lange?** zwei Tage und drei Nächte; **Was?** erstes Erwachen nach langer Bewußtlosigkeit

2. Rückblick: „Ja, die Schule war zu Ende gewesen. […] Und dann?" (Zeile 28–31)

Seite 26

3. **Er-/Sie-Form:** „In Fieberträumen war er bewusstlos in die tiefe, unerreichbare Welt hinabgetaucht" (Zeile 3/4); **Innensicht:** „Und dann durchzuckte ihn plötzlich ein schrecklicher Gedanke" (Zeile 37 f.); **Personales Erzählverhalten:** „Er erinnerte sich auf einmal, dass er in seinen Schmerzen und Traumbildern etwas gerufen hatte." (Zeile 51 f.)

4. Präteritum

5. **Textstellen:** „Mutters sanfte Stimme, Vaters Hand" (Zeile 17), „Schritte näherten sich. Sie klangen nackt und hohl auf dem harten Linoleum." (Zeile 20), „Jemand zog die Vorhänge auf. Das war an dem metallischen Geräusch zu hören" (Zeile 20 f.), „Eine kühle Hand ergriff seinen Arm." (Zeile 26)
Was auffällt: Berend nimmt seine Umgebung vor allem akustisch, also über das Hören wahr. Berührungen sind für ihn auch wichtig, um zu wissen, wer bei ihm ist. Das Sehen wird gar nicht beschrieben. So wird langsam deutlich, dass Berend sein Augenlicht verloren hat.

6.–8. abhängig von Schülerbeiträgen

Einen inneren Monolog verfassen

Seite 28

1. Berend bewegt sich nur unsicher fort; Eltern wollen helfen; stürmische Begrüßung der Schwester; Berend ist ängstlich; Besuch der Freunde für Berend nicht mehr so befriedigend wie früher; das Gespräch dreht sich um Dinge, die Berend aufgrund seiner Blindheit nicht teilen kann

2. „die unsicheren Schritte auf dem Weg durch den Garten" (Zeile 1 f.); „weitertappen in vollkommener Dunkelheit." (Zeile 5); „Unter seinem Verband war die Welt unheilverkündend schwarz" (Zeile 14); „Auf halber Treppe stolperte Beer über die letzte Stufe vor dem kleinen Absatz" (Zeile 24); „weil Beer neben sein Fleisch gepiekt und eine leere Gabel zum Mund geführt hatte" (Zeile 42 f.); „Das [spicken] werd' ich nie mehr tun können" (Zeile 48)

3. **Vater** (Elternteil): bemühte, fürsorglich, befangen, liebevoll, hilfsbereit; **Annemiek** (Schwester): stürmisch, unbefangen, liebevoll; **Goof** (Freund): bemüht, unüberlegt, befangen; **Bennie** (Freund): bemüht, ungeschickt, befangen; **Mutter** (Elternteil): liebevoll, hilfsbereit

4./5. abhängig von Schülerbeiträgen

Das kannst du jetzt!

Seite 29

1. **Erzählform:** Ich-Erzähler; **Erzähltempus:** Präsens

2. Der Vater beobachtet seine Tochter mit ironischer Distanz und möchte sie eigentlich nicht bevormunden.

3. „Nichtigkeiten" sind: Staubflocken auf den Möbeln und unter dem Bett, Kleinteile und Müll verstreut unter dem Bett, herumliegende Bücher, Kleidungsstücke und gebrauchte Taschentücher
Fortsetzung der Erzählung: abhängig von Schülerbeiträgen

Extra: Üben

1. In der Geschichte geht es um Ender, der türkische Eltern hat und deshalb von deutschen Kindern geärgert und schlecht behandelt wird; er ist verunsichert und möchte wissen, wohin er gehört.

2. Er-/Sie-Erzähler; Außensicht; Erzähltempus: Präteritum

3. Erzählform nicht eingehalten; Erzähltempus nicht eingehalten

4. Bin ich blöd! Warum habe ich das nur gesagt!; Bestimmt verzeiht er mir das nie!; Ich könnte heulen, so mies fühle ich mich.; Ich weiß nicht: Soll ich mich bei ihm entschuldigen?

Erzählende Texte untersuchen

Kurzgeschichten untersuchen

1. **Wer?** Heinz (Schüler, 13 Jahre alt) und Marcel (ein junger Afrikaner, zwischen 16 und 18 Jahren); **Wo?** in einem Selbstbedienungsrestaurant; **Was (passiert)?** Heinz verdächtigt Marcel von seinem Mittag zu essen, empört sich sehr darüber, beschließt, einfach mitzuessen und muss am Ende feststellen, dass er den Tisch verwechselt hat und selbst derjenige ist, der vom falschen Teller gegessen hat; **Wann?** mittags, nach der Schule; **Warum?** aufgrund einer Verwechslung und voreiliger, rassistischer Verdächtigung; **Wie?** Heinz setzt sich aus Versehen an den Nebentisch, den Tisch von Marcel; die Jungen teilen sich das Essen von Marcel, ohne das Heinz diesen kennt oder um Erlaubnis fragt

2. zum Beispiel:
   Zeile 1–5: Der coole Heinz
   Zeile 5–11: Mittags im Selbstbedienungsrestaurant
   Zeile 11–20: Typisch Schwarzer!? Oder: Rassismus
   Zeile 21–30: Heinz fasst einen Entschluss
   Zeile 30–37: Stilles Suppe-Löffeln zu zweit
   Zeile 37–43: Misstrauisches Beäugen
   Zeile 43–54: Die zweite Portion
   Zeile 54–64: Stilles Spaghetti-Schlürfen zu zweit
   Zeile 64–76: Eine nette Geste?
   Zeile 76–79: Der falsche Tisch!
   Zeile 80–85: Peinlich, peinlich
   Zeile 86–91: Schallendes Gelächter
   Zeile 91–94: Eine Verabredung

3. **wenige Figuren, die durch bestimmte Merkmale und Verhaltensweisen charakterisiert werden:** „Heinz war bald vierzehn und fühlte sich sehr cool. In der Klasse und auf dem Fußballfeld hatte er das Sagen. Im Unterricht machte er gerne auf Verweigerung." (Zeile 1 ff.), Marcel ist „ein Schwarzer" (Zeile 12) und Heinz denkt, er sei ein „Junger Kerl. Etwas älter als [Heinz]. Vielleicht sechzehn oder sogar schon achtzehn. Normal angezogen: Jeans, Pulli, Windjacke." (Zeile 39 ff.)

schicksalhafter Ausschnitt aus dem Leben: „Mittags konnte er nicht nach Hause, weil der eine Bus zu früh, der andere zu spät abfuhr. So aß er im Selbstbedienungsrestaurant, gleich gegenüber der Schule." (Zeile 4 ff.)
überraschende Wendung: „Ein Schauer jagte ihm über die Wirbelsäule [...]. Auf dem Nebentisch, an den sich bisher niemand gesetzt hatte, stand - einsam auf dem Tablett - ein Teller kalter Gemüsesuppe." (Zeile 77 ff.)
keine Einleitung: „Heinz war bald vierzehn [...]" (Zeile 1)
offener Schluss: Heinz und Marcel verabreden sich für den nächsten Tag (Zeile 91 ff.) – werden die beiden jetzt Freunde?

4. Heinz ist wütend, versteigt sich zu rassistischen Gedanken, er holt einen Löffel und kehrt zum Platz zurück. Er setzt sich zu Marcel, der augenscheinlich auf seinem Platz sitzt und beginnt, vom gleichen Teller zu essen. Auch von dem Teller Spaghetti, den Marcel holt, isst Heinz. Als er seinen Irrtum entdeckt, sagt er erst nichts und fällt dann beschämt über sein dummes und vorverurteilendes Verhalten in Marcels Lachen mit ein.

5. „Heinz wurde rot." (Zeile 19); „Heinz führte mit leicht zitternder Hand den Mund zum Löffel" (Zeile 26 f.); „Heinz [...] kratzte nervös an einem Pickel" (Zeile 51); „Heinz' Wimpern flatterten" (Zeile 58); „Heinz brach der Schweiß aus" (Zeile 59); „Heinz kratzte sich unter dem Rollkragen, bis ihm die Haut schmerzte" (Zeile 74 f.); „[...] stammelte Heinz, feuerrot im Gesicht" (Zeile 85)

6. **Textstellen:** „Heinz [...] fühlte sich sehr cool" (Zeile 1); „Heinz stand mit seinem Löffel fassungslos da, bis ihn die Wut packte" (Zeile 14); „Plötzlich fasste er einen Entschluss" (Zeile 21); „Heinz presste die Zähne zusammen, dass seine Kinnbacken schmerzten" (Zeile 23 f.); „Heinz blieb der Mund offen" (Zeile 43); „Er wollte aufspringen und Krach schlagen" (Zeile 46); „Heinz griff hastig nach seiner Schulmappe" (Zeile 49); „Heinz' Wimpern flatterten" (Zeile 58); „Heinz brach der Schweiß aus" (Zeile 59); „Wütend und beschämt griff Heinz nach der Gabel" (Zeile 63); „Verwirrt, schwitzend und erbost ließ er seine Blicke umherwandern" (Zeile 76); „Ein Schauer jagte ihm über die Wirbelsäule von den Ohren bis ans Gesäß" (Zeile 77 f.); „Am liebsten hätte er sich in ein Mauseloch verkrochen" (Zeile 81 f.); „stammelte Heinz, feuerrot im Gesicht." (Zeile 84); „und er aus vollem Hals in das Gelächter des Afrikaners einstimmte" (Zeile 89 f.); „Heinz' Augen tränten, [...] und er schnappte nach Luft" (Zeile 93)
Erklärung: Am Anfang sieht sich Heinz als coolen Typ, der sich in der Schule und beim Sport sehr sicher fühlt. Als er denkt, Marcel würde sein Mittag essen, ist er erst fassungslos, dann zunehmend wütend. Entschlossen setzt er sich dann auch an den Tisch und beginnt zu essen. Dabei wird er zunehmend unsicher und nervös und möchte fliehen. Als Heinz klar wird, dass er einem Irrtum aufgesessen ist, fühlt er sich erschrocken und unwohl. Am Ende erleichtert ihn Marcels Reaktion.

7. Heinz hat die Situation falsch eingeschätzt und sich von seinen Vorurteilen lenken lassen. Er hält Marcel für einen Dieb und missversteht selbst dessen großzügige Geste, einen Teller Spaghetti zu teilen. Schließlich muss er erkennen, dass er durch seine Vorurteile selbst zum Dieb geworden ist.

8. Erzählform: Er-Erzähler; **Erzählperspektive:** Innensicht; **Erzählverhalten:** personales Erzählverhalten aus der Sicht von Heinz

9. abhängig von Schülerbeiträgen

Merkmale von Kalendergeschichten und Anekdoten erkennen

Seite 36

1. In „Das wohlfeile Mittagessen" geht es um einen listigen Gast, der zweimal billig zu Mittag isst, indem er zwei verfeindete Gastwirte gegeneinander ausspielt.

Seite 37

2. Der Löwenwirt will seinen Konkurrenten, den Bärenwirt, hereinlegen. Er schenkt dem listigen Gast das Mittagessen und bietet ihm sogar Geld, wenn er seinen Trick bei seinem Konkurrenten anwendet. Doch der Löwenwirt muss erfahren, dass es niemand anderes als der Bärenwirt war, der den Gast zu ihm geschickt hat. Somit ist der Löwenwirt derjenige, der seinem Konkurrenten eine Grube gegraben hat und selber reingefallen ist.

3. zum Beispiel:
Wenn zwei sich streiten, freut sich der Dritte.

4. Die Geschichte wird aus der Außensicht erzählt.

5. lehrhafte Begebenheit als Thema: „Der Herr erkannte seinen Fehler, [...] lächelte heimlich über den schnellen Einfall seines Aufwärters und dankte ihm im Herzen für die gute Lehre." (Zeile 18–20); **besondere Begebenheit:** „Was tat der Diener? Kurz besonnen warf er ... in den Hof hinab" (Zeile 10–13); **Figuren aus dem alltäglichen Leben:** „einem Bedienten mit seinem Herren" (Zeile 5 f.); **schmaler Umfang/passt auf ein Kalenderblatt:** 20 Zeilen kurz; **Erzählweise im volkstümlichen Stil:** „Man klagt häufig darüber, wie schwer und unmöglich es sei, mit manchen Menschen auszukommen." (Zeile 1 f.)

6. Die Geschichte lehrt uns, im Umgang mit Menschen ein Gespür dafür zu entwickeln, wie man heikle Situationen zum Guten wenden kann: Man sollte keine Angst haben und souverän und humorvoll mit anderen umgehen.

Das kannst du jetzt!

Seite 38

1. Textart: Kurzgeschichte; **Handlung:** In der Geschichte geht es darum, wie die negativen Urteile der Erzählerin

ihre Gefühle beeinflussen. Jeden Morgen begegnet die Erzählerin einer fremden Frau im Bus, für die sie aus unerklärten Gründen eine tiefe Ablehnung entwickelt. Alles an der Fremden stört sie und obwohl beide Frauen kein Wort miteinander wechseln, genügt der Erzählerin ein Blickkontakt um festzustellen: „Unsere Feindschaft war besiegelt" (Zeile 18). Auch in ihrer Freizeit nehmen die feindseligen Gedanken der Erzählerin immer größeren Raum ein und führen zu heftiger Wut. Die Pointe am Schluss der Geschichte gelingt: Als eine Freundin der Erzählerin eines Tages zufällig die fremde Frau beobachtet, stellt sie fest, dass diese ihr unheimlich ähnelt.; **Erzählform:** Ich-Erzählerin; **Erzählperspektive:** Innensicht

2. abhängig von Schülerbeiträgen

Extra: Üben

Seite 39

1. Inhalt und Figuren: Der Inhalt stellt einen Ausschnitt aus dem alltäglichen Leben eines Menschen dar; Die Handlung konzentriert sich auf ein besonderes Ereignis, das für die Figur eine zentrale Bedeutung hat; Die Figuren sind einfache, normale Menschen; Die Hauptfigur ist oft ein „Antiheld".
Form und Sprache: Kurzgeschichten sind kurz und knapp; Das Ende ist in der Regel offen und regt den Leser zum Nach- und Weiterdenken an; Der Sprachstil ist einfach; Der Autor verwendet Umgangs- und Alltagssprache.

2. Zitat: „Eine Kurzgeschichte ist eine Geschichte, an der man sehr lange arbeiten muss, bis sie kurz ist."
Erklärung: Die Herausforderung am Schreiben einer Kurzgeschichte besteht darin, dass anhand einer einzigen Begebenheit auf wenigen Seiten eine Geschichte zu schreiben ist, die den Leser zum Nach- und Weiterdenken anregt. Daher müssen die Autoren/innen genau überlegen, welche inhaltlichen und sprachlichen Elemente für die Geschichte notwendig sind und auf welche Ausschmückungen sie verzichten. Sie kürzen unerbittlich, was nicht unmittelbar zur Handlung gehört und wenden dafür viel Zeit und Sorgfalt auf.

Balladen und Gedichte untersuchen
Balladen untersuchen

Seite 41

1. Die erste Aussage beschreibt die Wirkung der Ballade besser. Angst und Unruhe werden durch die tosende See, das Unwetter und das Bangen um das Leben des Schiffbrüchigen erzeugt. Der Umschwung von angstvoller zu hoffnungsvoller Stimmung gelingt durch das positive Ende.

2. In der Ballade von Otto Ernst geht es um einen mutigen jungen Mann: „Nis Randers". Dieser sieht vom Ufer aus ein Schiffswrack, das droht, in einem tosenden Sturm zu kentern. Als er einen Mann an Bord des Schiffes entdeckt, hilft er ihm trotz der eindringlichen Warnungen seiner Mutter, die bereits zwei Söhne und ihren Ehemann an das Meer verloren hat. In letzter Minute gelingt Nis die Rettung und es stellt sich heraus, dass der Mann sein verschollener Bruder ist.

3. Nis' Konflikt besteht darin, dass er sein eigenes Leben aufs Spiel setzt und seine Mutter in Aufruhr versetzt, weil er den Fremden retten will.

4. Nis Randers

Eigenschaften	Redeweise	Textbelege
selbstsicher, mutig, überlegt, entschlossen, selbstlos, hilfsbereit	direkt, knapp und präzise, ohne Zweifel, langsam	„Wir müssen ihn holen." (Vers 9); „Er […] spricht gemach" (Vers 17); „Und seine Mutter?" (Vers 18)

Mutter

Eigenschaften	Redeweise	Textbelege
angsterfüllt, verzweifelt, gefühlsbestimmt, fordernd, ichbezogen	häufige Verwendung des Imperativs, viele Pronomen, im Vergleich zu Nis lange Sätze	„Du steigst mir nicht ein! Dich will ich behalten, du bleibst mir allein, Ich will's, deine Mutter!" (Vers 10–12)

5.

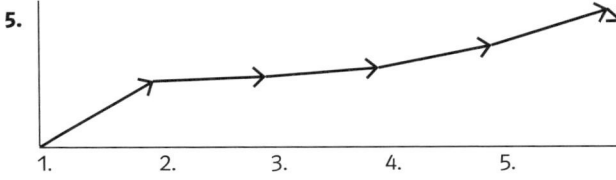

1. 2. 3. 4. 5.

1. Schiffbrüchiger in höchster Not
2. Klage der Mutter
3. Antwort des Sohnes
4. waghalsiger Rettungsversuch; Übermacht der Natur
5. geglückte Rettung des Bruders

Seite 42

6.

Textstelle	Wirkung	sprachliche Mittel
Vers 1–2	Leser „hört" und „sieht", was geschieht	Ellipse und, Personifikation
Vers 4	Leser kann sich Blitze besser vorstellen	Metapher
Vers 5–6	Naturgewalten werden lebendig, Wrack erscheint demgegenüber ausgeliefert	Personifikation

Textstelle	Wirkung	sprachliche Mittel
Vers 15	Trauer der Mutter wird eindringlich verstärkt	Anapher und Ausruf
Vers 20	Männer wirken stark und unnachgiebig wie Bäume	Alliteration und Metapher
Vers 25–30	Naturgewalt des Meeres/der Wellen wirkt lebendig und bedrohlich	Metapher, Enjambement, Personifikation und ausdrucksstarke Adjektive und Verben
Vers 31	Wettersituation ist unübersichtlich und mächtig	Ellipse und Ausruf
Vers 33	Blick richtet sich erwartungsvoll auf Retter und Geretteten	Anapher und Ausruf

7. Strophen: zwölf; **Verse:** drei pro Strophe; **Reim:** Paarreim in den ersten beiden Versen jeder Strophe; **Hebungen:** vier Hebungen in den ersten Versen jeder Strophe, zwei im letzten

8. Die Unruhe des Wassers, das Toben der Naturgewalten, er aufgewühlte Gemützustand der Mutter und das Bedrohliche der Situation werden dadurch unterstützt.

9. Der Vers markiert einen Wendepunkt: Nis stellt die Sorgen seiner Mutter gleichwertig neben diejenigen der Mutter des Schiffbrüchigen. In der Folge verstummt Nis' Mutter und die Männer brechen auf.

10. abhängig von Schülerbeiträgen

11. zum Beispiel:
„Ach Uwe, mein Uwe, bist wieder bei mir
Und Nis, mein Sohn, wie dank ich dir!"
So flüstert die Mutter.

Gedichte und die Wirkung sprachlicher Mittel untersuchen

Seite 43

1. In dem Gedicht wird kein dramatisches Geschehen erzählt und es ist auch keine wörtliche Rede enthalten.

2. zum Beispiel: „Ich habe Spuren eines Rehs im Schnee gefunden. Komm her und schau sie dir an!", rief ich meinem Freund zu. „Diese zarten, feinen, klitzekleinen Spuren sind nicht vom Reh", entgegnete er. „Diese krickel krackel Grüße schrieb ein andrer Gast hierher. Es sind doch zickel zackel Vogelfüße - schau: Dort sind schon keine mehr." Und er ergänzte noch den Grund für das plötzliche Enden der Spuren: „Denn nur eben fast im Schweben hüpfte, pickte er im Lauf - und mit einem Sprunge, Schwunge flog er zu den Wolken auf."

Vergleich: Das Anordnen der Worte in Verse und die daraus resultierende Beeinflussung des Sprechtempos lenken die Aufmerksamkeit des Lesers anders als in einem Fließtext. Auch lässt die Gedichtform offen, ob es sich um ein Gespräch zwischen zwei Personen handelt. Möglich ist auch, dass das lyrische Ich seine Beobachtung selbst hinterfragt. Folglich eröffnet das Gedicht mehr Deutungsmöglichkeiten.

Seite 44

3. **Strophenanzahl:** drei; **Versanzahl:** sechs Verse in den ersten beiden Strophen, sieben in der letzten; **Hebungen pro Vers:** 2, 2, 4, 2, 2, 4 in den ersten beiden Strophen und bis zur Mitte der dritten Strophe, 1, 2, 1, 4 am Ende der letzten Strophe; **Reim:** auf einen Paarreim folgt in jeder Strophe ein umschließender Reim; **Metrum:** Trochäus; Unterbrechung von Reim und Metrum im 16. Vers

4. Es entsteht ein Moment des Innehaltens an der Stelle, wo der regelmäßige Lauf des Vogels endet und er sich in die Luft erhebt und keine Spuren mehr hinterlässt.

5. **Enjambements:** Vers 1–2, 2–3, 4–5, 5–6, 7–8, 8–9, 10–11, 13–14, 14–15, 16–17
   Wirkung: Durch die Enjambements werden zusammenhängende Wortgruppen geteilt, so dass sich erst durch die Art des Lesens Sinn ergibt.
   Alliterationen: „klitzekleine" (Vers 2 und 6), „krickel krackel" (Vers 8 und 9), „zickel zackel" (Vers 11), „Sprunge Schwunge" (Vers 18 und 19)
   Wirkung: Die Alliterationen lenken die Aufmerksamkeit auf die Beschaffenheit der Spuren und Bewegungen des Vogels.

6. „Wäscheknattern, Wipfelrauschen" (Vers 2): Beide Wörter bezeichnen Geräusche, die heftigen Wind als Ursache haben.

7. „Zeit sich sammeln, Zeit sich stauen, Zeit verströmen, Zeit verrinnen." (Vers 7f.): Mithilfe der Anapher wird das Thema Zeit hervorgehoben. Der Leser wird angeregt, über die Zeit, sein Verhältnis zu ihr und über das Verschwimmen zeitlicher Gedanken nachzudenken.

8. Vers 2 und 3, Vers 3 und 4, Vers 4 und 5, Vers 6 und 7

9. Robert Gernhardts Gedicht „Mittagsruhe" wirkt idyllisch, entspannt und verträumt. Es entsteht der Eindruck angenehmer Unbeschwertheit, in der die Gedanken des lyrischen Ich in der Natur zu schweben scheinen.

Das kannst du jetzt!

Seite 45

1. Gottfried August Bürger: Die Schatzgräber
   Ein Winzer, <u>der am Tode lag,</u>
   Rief seine Kinder an und sprach:
   <u>„In unserm Weinberg liegt ein Schatz,</u>
   <u>Grabt nur darnach!"</u> – „An welchem Platz?" –

Schrie alles laut den Vater an.
„Grabt nur!" – O weh! da starb der Mann.
<u>Kaum war der Alte beigeschafft,</u>
<u>So grub man nach aus Leibeskraft.</u>
Mit Hacke, Karst und Sparten ward
Der Weinberg um und um geschart.
Da war kein Kloß, der ruhig blieb;
Man warf die Erde gar durchs Sieb,
Und zog die Harken kreuz und quer
<u>Nach jedem Steinchen hin und her.</u>
Allein da ward kein Schatz verspürt,
<u>Und jeder hielt sich angeführt.</u>
<u>Doch kaum erschien das nächste Jahr,</u>
So nahm man mit Erstaunen wahr,
Daß jede Rebe dreifach trug.
<u>Da wurden erst die Söhne klug,</u>
Sie gruben nun jahrein, jahraus
Des Schatzes immer mehr heraus.

2. Der **Erzähler** erzählt die **spannende Geschichte** einer Schatzsuche und **bewertet** das Verhalten der Kinder des Winzers. Der Winzer und seine Kinder sprechen in **wörtlicher Rede**, die **Grundlage** der Handlung ist ein **aufregendes Geschehen**, nämlich die aufgeregte Suche nach dem Schatz. Der Text ist in **Verse** und **Strophen** gegliedert und überwiegend im **Paarreim** geschrieben. Zudem steht er im **Metrum** des Jambus. Somit sind **Elemente aller drei Gattungen** enthalten und das Gedicht ist eine **Ballade**.

3. Der Ausspruch des Vaters hat sich bewahrheitet, denn indem der Weinberg so gründlich bearbeitet wurde, fiel die Ernte im nächsten Jahr reichlich aus und die Kinder konnten gutes Geld verdienen. Dies setzte sich über die Jahre fort und so gelangten die Winzerkinder zu Reichtum. Geholfen hat ihnen hierbei körperliche Arbeit und keine Truhe voll Gold.

Extra: Üben

1. Seite 46

Konjunktiv I	Stammform	3. Person Singular Indikativ
sie sei die Störungsstelle	sein	sie ist die Störungsstelle
er solle ‚Schrank' sagen	sollen	er soll ‚Schrank' sagen

2. 1 Das Mädchen erkundigt sich, ob dort der Bürgermeister sei.
   2 Als das der Fall ist, sagt sie, dass sie das freue.
   3 Die Leitung des Bürgermeisters scheine gestört.
   4 Es sei gut, wenn man ihn mal sprechen höre.
   5 Es klinge ganz gut.

Seite 47

3. 3 Das Mädchen informiert den Bürgermeister, seine Leitung sei gestört.

4 Sie ergänzt, dass es gut sei, wenn man ihn mal sprechen höre.

5 Sie behauptet, es klinge ganz gut.

4. abhängig von Schülerbeiträgen

5. zum Beispiel:
Das Gedicht wirkt/erscheint auf den ersten <u>Blick laut, unruhig und fast etwas bedrohlich.</u>
Das Gedicht hinterlässt/erzeugt eine <u>wilde und beängstigende</u> Stimmung/Wirkung.
Im Gedicht wird eine <u>mitreißende und kraftvolle</u> Stimmung/Wirkung hervorgerufen.
Das Gedicht hinterlässt nach dem ersten Lesen ein Gefühl/den Eindruck von <u>Unruhe.</u>
Das Gedicht strahlt <u>kraftvolle Bewegtheit</u> aus.
Es entsteht der Eindruck von <u>Bewegung, Schnelligkeit und Bedrohung.</u>

Modus verwenden, Wortarten unterscheiden

Mit dem Konjunktiv II Möglichkeiten und Wünsche ausdrücken

Seite 49

1. Paul Julius Reuter: träfen ein, wären, wüsste, übertrüge, könnte; **Louis Braille:** gäbe, gelänge, könnte, wäre, läse, würde senden; **Auguste und Louis Jean Lumière:** fände, bekäme, würde anschauen, **Emil Berliner:** ginge, hätte, würde holen, fände, würde genießen

2. sie träfen ein – sie trafen ein – eintreffen; sie wären – sie waren – sein; **ich wüsste** – ich wusste – wissen; **man übertrüge** – man übertrug – übertragen; **man könnte** – man konnte – können; **es gäbe** – es gab – geben; **es gelänge** – es gelang – gelingen; **es wäre** – es war – sein; **ich läse** – ich las – lesen; **ich würde senden** – ich sendete – senden; **ich fände** – ich fand – finden; **ich bekäme** – ich bekam – bekommen; **ich würde anschauen** – ich schaute an – anschauen; **ich ginge** – ich ging – gehen; **ich hätte** – ich hatte – haben; **ich würde holen** – ich holte – holen; **ich würde genießen** – ich genoss – genießen

3. In den Fällen, wo eine Umschreibung mit *würde* ausgewählt wurde, fällt die Konjunktiv II-Form entweder mit der Präteritumsform zusammen (sendete, anschaute, holte) oder sie ist veraltet und daher nicht mehr gebräuchlich (genösse).

Seite 50

4. gäbe, säßen, bekämst, müsstest, stünde/stände/würde stehen, eilte/eilen würde, könnte, wärst, würdest, hingen, würden, hätte, bräuchtest, käme, fände, könnte

5. abhängig von Schülerbeiträgen

Den Imperativ bilden und verwenden

Seite 51

1. Probiert, Gib, Kratz, Komm, lass, Überlasst, Kontrolliert, Sprecht, Schaut

Seite 52

2. Ruf(e) einen Freund an, wenn du Langeweile hast. Treib(e) Sport. Setz(e) dir ein Zeitlimit am Computer. Verabrede dich bewusst mit anderen. Probier(e) neue Hobbys aus. Such(e) eine Beratungsstelle auf. Bring(e) deinen Computer in einem anderen Zimmer unter. Vereinbare mit deinen Eltern klare Regeln.

Mit dem Konjunktiv I Äußerungen anderer wiedergeben

1./2. Zeile 4–8: <u>Vor einiger Zeit **erklärten** mir meine Schüler nämlich</u>, ich könne keine Hausaufgaben von ihnen erwarten, wenn ich sie nicht bei Facebook einstellen würde. Freunde deshalb anzurufen, sei wirklich zu umständlich. <u>Sie **rieten** mir</u>, ich solle mich registrieren lassen. <u>Dann meinten sie</u>, ich müsse an alle Klassenmitglieder Freundschaftsanfragen verschicken. <u>Sie **erläuterten**</u>, dass sie nur als meine Freunde die Hausaufgaben auf meiner Seite einsehen könnten.; **Zeile 12–15:** <u>So **fragte** Lotte</u>, ob denn mein kleiner Hund endlich stubenrein sei. <u>Oder Tim **kommentierte** montags</u>, die Party am Wochenende habe mich wohl geschafft. Ich sähe ziemlich müde aus. Noch dreister fand ich, <u>als Hannes **meinte**</u>, meine Tochter sei ein echt heißer Feger. Er habe das Urlaubsfoto aus Frankreich gesehen.; **Zeile 20–22:** <u>Ein junger Kollege **verriet** mir</u>, ich müsse unterschiedliche Gruppen definieren wie Bekannte, enge Freude, Verwandte und so weiter. Dann könne ich steuern, wer Zugriff auf welche Informationen bekommt.

3. könnten (Zeile 8), sähe (Zeile 13): Hier wurde der Konjunktiv II verwendet, weil der Konjunktiv I jeweils mit der Indikativform übereinstimmt.

4. zum Beispiel:
Die Lehrerin ist der Meinung, man müsse in Zeiten sozialer Netzwerke umdenken lernen. Sie betont, dass sie auf Hausaufgaben Wert lege. Sie macht klar, dass sie es nicht schlecht finde, Bekannte und Freunde mit Hilfe von Facebook zu informieren. Die Lehrerin ist der Auffassung, dass Freunde in einem sozialen Netzwerk nicht gleich Freunde seien. Sie stellt fest, dass sie auch ohne Facebook gut lebe und die Hausaufgaben trotzdem gemacht würden.

Seite 55

5. störten, lenkten, solle, sei, habe, müsse, gäbe, stellten/stellen würden, sei, würden, wolle, könne, fände, würde, dürften, müssten, sei

Präpositionen und Konjunktionen anwenden

Seite 56

1. Präpositionen: in (3 x), von (2 x), mit (2 x), durch, dank; **Konjunktionen:** oder, sondern, und (2 x), sowie

2./3. Bei Sören Wolf ist seit seiner Geburt nur der linke Arm **mit** (in) der Hand vollständig ausgeprägt, sein rechter Arm endet **in** (von) einem Unterarmstumpf. **Trotz** (Auf) verschiedener Handprothesen war Sören lange unzufrieden. Die herkömmlichen Greifhilfen brachten es **wegen** (mit) der Motoren und Antriebselemente **auf** (über) ein erhebliches Gewicht **von** (trotz) einem Kilo. Heute, **mit** (aus) 18, lobt er seine neue Arm- und Handprothese **über** (unter) den grünen Klee. **Unter** (Wegen) der hautähnlichen Plastikhülle befindet sich eine leichte, elektrisch betriebene Prothese, die **durch** (mit) Impulse, die Nerven **aus** (durch) seinem Oberarm senden, gesteuert wird.

4. Der weltbekannte Astrophysiker Stephen Hawking wurde am 08. Januar 2012 siebzig Jahre alt, **obwohl** niemand damit gerechnet hatte, **denn** im Alter von einundzwanzig Jahren diagnostizierten die Ärzte eine unheilbare Erkrankung des zentralen Nervensystems bei ihm. Seine Überlebenschancen waren schlecht, **weil** sein Leiden zu einem völligen Rückgang sämtlicher Muskeln in seinem Körper führen **und** ihn bald an den Rollstuhl fesseln würde, hieß es. **Als** er 1986 an einer Lungenentzündung erkrankte, bekam er einen Luftröhrenschnitt. **Da** er dadurch seine Sprechfähigkeit verlor, benutzt er heute einen Computer, **sodass** er sich darüber mitteilen kann. **Wenn** Hawking seine Augen bewegt, steuert er einen Sprachsyntheziser an, **damit** dieser elektrische Impulse in eine künstliche Stimme umwandelt.

Das kannst du jetzt!

Seite 57

1. und, wenn, oder, aber, sowie, Während (Satzanfang), Nachdem (Satzanfang), sowie, und, sobald

2. in, am, zum, in, in, in, durch, auf, auf

3. abhängig von Schülerbeiträgen

4. Berücksichtigt gängige Systemanforderungen! Stellt bezahlbare Spiele her! Verherrlicht keine Gewalt! Denkt euch lehrreiche Geschichten aus! Gebt nur kurze Spieleinheiten vor!

Extra: Üben

Seite 58

1. **lesen**, las, ich läse, du läsest, er/sie/es läse, wir läsen, ihr läset, sie läsen; **heißen**, hieß, ich hieße, du hießest, er/sie/es hieße, wir hießen, ihr hießet, sie hießen; **bitten**, bat, ich bäte, du bätest, er/sie/es bäte, wir bäten, ihr bätet, sie bäten; **fangen**, fing, ich finge, du fingest, er/sie/es finge, wir fingen, ihr finget, sie fingen; **brauchen**, brauchte, ich bräuchte, du bräuchtest, er/sie/es bräuchte, wir bräuchten, ihr bräuchtet, sie bräuchten; **gelingen**, gelang, ich gelänge, du gelängest, er/sie/es gelänge, wir gelängen, ihr gelänget, sie gelängen; **schlagen**, schlug, ich schlüge, du schlügest, er/sie/es schlüge, wir schlügen, ihr schlüget, sie schlügen; **springen**, sprang, ich spränge, du sprängest, er/sie/es spränge, wir sprängen, ihr spränget, sie sprängen; **wissen**, wusste, ich wüsste, du wüsstest, er/sie/es wüsste, wir wüssten, ihr wüsstet, sie wüssten; **haben**, hatte, ich hätte, du hättest, wir hätten, ihr hättet, sie hätten

2. abhängig von Schülerbeiträgen

3. Haltet, Stell, Fass, Wirf, Reißen, Mach, Gib

Seite 59

4. Die Professoren erläutern, dass sich das Computergehirn eines Roboters programmieren lasse. Sie sagen, dass der Roboter einfache Aufgaben immer wieder gleich erledige. Sie erklären, dass es die Idee von menschenähnlichen Maschinen schon vor 2400 Jahren gegeben habe. Die Professoren machen deutlich, dass der Roboter heute schon viele Aufgaben von Menschen übernommen habe. Sie stellen aber auch fest, dass ein Roboter nie ein Ersatz für einen Menschen sein werde.

5. nach, vor, Aus (Satzanfang), von, in, nach, unter, für

Satzglieder untersuchen und Satzzeichen Sätzen
Kommaregeln bei verschiedenen Zusätzen anwenden

Seite 60

1./2. Am Donnerstag, dem 1. November des Jahres 1755(,) fand eine der größten Naturkatastrophen auf europäischem Boden statt, nämlich das große Erdbeben von Lissabon. Lissabon, die Hauptstadt Portugals, war bislang eine der glanzvollsten Handelsstädte der Neuzeit gewesen, besonders wegen ihrer Seeverbindungen in alle Teile der Welt. Doch Donnerstag, der 1. November 1755, besiegelte das Schicksal der Stadt in erschütternder Weise. Unzählige Menschen, genauer gesagt die Überlebenden der Stadt, flüchteten sich nach dem Erdbeben in den Hafen, um den Gefahren, vor allem den Trümmern, zu entkommen. Dort sahen sie, dass das Meer zurückgewichen war. Schiffswracks und zerstörte Handelsware waren auf dem Seeboden zu sehen. Dann plötzlich kam die Flutwelle, und zwar ein Tsunami, von kaum vorstellbaren Ausmaßen.

Adverbialsätze erkennen

Seite 61

1. zum Beispiel:
Temporalsatz: Die Menschen flüchteten sich in den Hafen, als der Tsunami kam.
Lokalsatz: Die Menschen blickten auf den Seeboden, wo Schiffswracks und zerstörte Handelsware zu sehen waren.
Modalsatz: Die Menschen flüchteten zum Hafen, als ob der Teufel hinter ihnen her wäre.
Kausalsatz: Viele Menschen hatten keine Häuser mehr, weil das Erdbeben sie zerstört hatte.
Finalsatz: Die Menschen flüchteten zum Hafen, damit sie den Trümmern entkamen.

Konditionalsatz: Man musste früher nach Portugal reisen, wenn man eine glanzvolle Hafenstadt sehen wollte.
Konsekutivsatz: Der Tsunami bewirkte, dass der ganze Hafen überflutet wurde.
Konzessivsatz: Die Menschen konnten ihrem Unglück nicht entgehen, obwohl sie versuchten wegzulaufen.

Seite 62

2. Obwohl Johann Jakob Moritz schon viel in der Welt herumgekommen war (**5**: trotz seines Herumkommens in der Welt); Bevor der Abend anbrach (**1**: vor Abendanbruch); damit die letzten Frachtbriefe unterschrieben werden konnten (**2**: zum Umschreiben der Frachtbriefe); weil er früh am nächsten Morgen mit einem deutschen Handelsschiff auslaufen wollte (**4**: wegen seines frühen Auslaufens mit dem Schiff); Erst als das erledigt war (**3**: nach Erledigung seiner Aufgaben)

3. (1) Wann? (2) Wozu? (3) Unter welcher Bedingung? (4) Warum? (5) Trotz welcher Umstände?

Seite 63

4. Als Mitternacht schon lange vorbei war, verabschiedete sich Johann von seinem Begleiter. Da er das pünktliche Auslaufen seines Schiffes nicht verpassen wollte, begab er sich direkt zum Hafen. Er erreichte rechtzeitig sein Schiff, wo bereits alles zur Abfahrt vorbereitet war. Nachdem das Schiff schon eine Weil den Hafen verlassen hatte, begann plötzlich die Erde zu beben. Die Sonne war fast nicht mehr zu sehen. Während die Seeleute angstvoll die plötzliche Windstille und fernes Gewittergrollen bemerkten, wurden sie auch schon von einer riesigen Tsunami-Welle erfasst, die das Schiff zur Seite sinken ließ und in die Tiefe riss. Obwohl der Schoner unter den Wellen begraben schien, wurde er sogleich wieder emporgerissen. Weiße Gischtwellen begleitet von zuckenden Blitzen peitschten das Schiff umher, bis es Mittag wurde. Dann beruhigte sich der Sturm und es wurde heller, sodass der Schaden am Schiff begutachtet werden konnte.
In Richtung Hafen erblickten die Seeleute Verwüstung und Zerstörung. Indem sie Gott dankten, dass sie noch am Leben waren, schöpften sie neue Kraft und setzten die Fahrt fort.

5. Als Mitternacht schon lange vorbei war, ... – Temporalsatz (Wann?); Da er das pünktliche Auslaufen seines Schiffes nicht verpassen wollte, ... – Kausalsatz (Warum?); ..., wo bereits alles zur Abfahrt vorbereitet war. – Lokalsatz (Wo?); Nachdem das Schiff schon eine Weile den Hafen verlassen hatte, ... – Temporalsatz (Wann?); Während die Seeleute angstvoll die plötzliche Windstille und fernes Gewittergrollen bemerkten, ... – Temporalsatz (Wann?); Obwohl der Schoner unter den Wellen begraben schien, ... – Konzessivsatz (Trotz welcher Umstände?); ..., bis es Mittag wurde. – Temporalsatz (Bis wann?); ..., sodass der Schaden am Schiff begutachtet werden konnte. – Konsekutivsatz (Mit welcher Folge?); Indem sie Gott dankten, ... – Modalsatz (Wie?)

Objekt- und Subjektsätze erkennen

Seite 64

1./2. Die Bezeichnung Tsunami (**Subjekt**) kommt aus dem Japanischen. Sie (**Subjekt**) wird verwendet für über zehn Meter hohe Flutwellen (**Objekt**). Erdbeben unter dem Seeboden (**Subjekt**) lösen solche Monsterwellen (**Objekt**) aus. Dass es Tsunamis gibt (**Subjektsatz**), ist schon lange dokumentiert. Bereits die alten Griechen (**Subjekt**) wussten, was ein Tsunami ist (**Objektsatz**). 479 v. Chr. berichtet der griechische Historiker Herodot (**Subjekt**), dass persische Belagerer von einer gewaltigen Flutwelle erfasst wurden (**Objektsatz**). Sie (**Subjekt**) hatten angenommen, dass man den plötzlich freigelegten Meeresboden gefahrlos überqueren könnte (**Objektsatz**). Auf diesem Wege wollten sie (**Subjekt**) einen Überraschungsangriff (**Objekt**) durchführen. Was dann geschah (**Subjektsatz**), war eine böse Überraschung. Urplötzlich kehrte das Meer (**Subjekt**) zurück und begrub die Angreifer (**Objekt**) unter sich.

3. Was Monsterwellen auslöst, ist inzwischen bekannt (**Subjektsatz**); Die Wissenschaftler wissen allerdings noch nicht, wie das Problem zu lösen ist. (**Objektsatz**); Dass ganze Landstriche überschwemmt werden, muss in Zukunft verhindert werden. (**Subjektsatz**)

Seite 65

4. Wodurch Tsunamis entstehen (**Subjektsatz**), ist heutzutage bekannt. Die Forscher haben heraus gefunden, dass Tsunami-Wellen durch Erdbeben unter der Wasseroberfläche ausgelöst werden (**Objektsatz**). Dabei schieben sich zwei Erdplatten am Meeresboden übereinander. Wissenschaftler erklären, dass das ruckartige Anheben des Meeresbodens dabei der Auslöser für den Tsunami sei (**Objektsatz**). Was genau dabei passiert (**Subjektsatz**), wird erläutert: Teile des Meeresbodens sacken ab, während andere nach oben gedrückt werden. Es heißt, dass durch das Beben die Wassermassen darüber gewaltig in Schwingungen versetzt werden (**Objektsatz**). Wie sich dabei die Wassermengen zu riesigen Wassersäulen auftürmen (**Objektsatz**), können Coputeranimationen zeigen. Sie veranschaulichen auch, wie sich die Wassermassen wellenartig auf das Land zubewegen und es überschwemmen (**Objektsatz**). Aber nicht jedes Seebeben hat eine solche Überflutung zur Folge. Ob ein Tsunami tatsächlich entsteht (**Subjektsatz**), hängt zum Beispiel auch von der Meerestiefe an der Stelle des Bebens ab. Fachleute meinen, dass die Beschaffenheit der Küste ebenfalls eine Rolle dabei spielt. (**Objektsatz**)

Seite 65/66

5. Fühler am Meeresboden erkennen, dass ein Seebeben stattfindet. Wie stark das Beben ist, leiten die Fühler an eine Boje an der Meeresoberfläche weiter. Die Boje funkt dann an das Erdbebenzentrum, welchen Wert das Beben auf der Richterskala hat. Daraufhin entscheiden Wissenschaftler, ob ein Tsunami voraussichtlich ausgelöst wird. Dann erst erfahren die Menschen an Land über die Medien, dass ein Tsunami auf die Küste zurollt. Wie viel

Zeit für die Rettung der Menschen bleibt, wird sehr unterschiedlich bewertet. Die Wissenschaftler gehen davon aus, dass der Zeitfaktor auch durch die Beschaffenheit des Meeresbodens und der Küste beeinflusst wird.

Infinitiv- und Partizipialgruppen erkennen

Seite 67

1./2. Als die britische Biologien Rachel Grant Ende März 2009 in der Gegend der italienischen Stadt L'Aquila war, um das Laichverhalten von Kröten zu untersuchen, beobachtete sie Außergewöhnliches. Zu Beginn ihrer Studie hatte sie 90 Krötenmännchen gezählt, die gekommen waren, um sich eine Braut zu suchen. Aber anstatt sich ordnungsgemäß zur Laichzeit am örtlichen See zu tummeln, hatten sie sich fünf Tage vor dem Erdbeben aus dem Staub gemacht. Ohne auf ihre weiblichen Gefährtinnen Rücksicht zu nehmen, waren etwa 96 % der Herren plötzlich verschwunden. Natürlich war auch kein Krötenlaich mehr zu finden. Wenige Tage nach dem Erdbeben war aber Vollmond, für Kröten eine absolute Aufforderung, sich zu paaren. Das motivierte immerhin rund 50 % der Krötenmännchen, zum ursprünglichen Austragungsort zurückzukehren. Aber erst zwei Tage nach dem letzten der schweren Beben trauten sich alle Männchen wieder dorthin.
So amüsant die Geschichte auch ist, die Ergebnisse der Studie dienen dazu, die schrumpeligen erdbraunen Amphibien auf ihre Tauglichkeit als Erdbeben-Frühwarnsystem zu überprüfen. Rachel Grants Überlegungen basieren darauf, das Krötenverhalten während der Vor- und Nachphase des Bebens beobachtet zu haben. Ihre Ergebnisse bieten Anlass, einer möglichen Erdbebenwarnung durch Kröten nachzugehen. Grant äußerte die Vermutung, dass Veränderungen im Erdmagnetfeld dazu führten, die Tiere frühzeitig auf ein kommendes Erdbeben aufmerksam zu machen.

Seite 68

3./4. Das Deutsche GeoForschungszentrum (GFZ) in Postdam, seit 1992 bestehend, beschäftigt sich unter anderem mit Erdbeben.; **umformuliert:** Das Deutsche GeoForschungszentrum (GFZ) in Postdam, das seit 1992 besteht, beschäftigt sich unter anderem mit Erdbeben.
Denn auch in Deutschland, weltweit zwar nicht als Haupterdbebengebiet ausgewiesen, finden doch seismische Aktivitäten statt. Es werden regelmäßige Messungen durchgeführt.; **umformuliert:** Denn auch in Deutschland, das weltweit nicht als Haupterdbebengebiet ausgewiesen ist, finden doch seismische Aktivitäten statt. Es werden regelmäßige Messungen durchgeführt.
In Gebieten im Rheinland, auf der Schwäbischen Alb, in Ostthüringen und Westsachsen, durch Erdbeben gefährdet, muss immer wieder mit einem solchen Naturereignis gerechnet werden.; **umformuliert:** In Gebieten im Rheinland, auf der Schwäbischen Alb, in Ostthüringen und Westsachsen, die durch Erdbeben gefährdet sind, muss immer wieder mit einem solchen Naturereignis gerechnet werden.

In immer wiederkehrenden Zeitabständen auftretend, können so schwache, mittlere und starke Beben in Deutschland klassifiziert werden.; **umformuliert:** Die Beben, die in immer wiederkehrenden Zeitabständen auftreten, können so als schwache, mittlere und starke Beben in Deutschland klassifiziert werden.

Das kannst du jetzt!

Seite 69

1. Zeile 1: Solange die Japaner denken können (**Adverbialsatz**); Zeile 2: hervorgerufen durch Erd- oder Seebeben (**Partizipialgruppe**); Zeile 3: ein alter und angesehener Bürger seines Dorfes (**Zusatz/Erläuterung**); Zeile 4: Noch bevor es losging (**Adverbialsatz**); Zeile 5: insbesondere wegen der guten Ernte (**Zusatz/Erläuterung**); Zeile 5: wo … das Reisfest vorbereitet wurde (**Adverbialsatz**); Zeile 5/6: Über das Dorf hinweg schauend (**Partizipialgruppe**); Zeile 6/7: um die Bewegungen des Wassers zu beobachten. (**Infinitiv mit zu**); Zeile 7: sein Enkel (**Zusatz/Erläuterung**); Zeile 7: Als Hamaguchi auf die Bucht hinausblickte (**Adverbialsatz**); Zeile 8/9: offenbar das Nachzittern irgendeines schweren Bebens draußen auf See (**Zusatz/Erläuterung**).; Zeile 10: dass man sich beunruhigen müsste (**Objektsatz**)
Adverbialsätze: 4; Infinitiv mit zu: 1; Objektsatz: 1; Zusatz/Erläuterung: 4; Partizipialgruppen: 2

2. abhängig von Schülerbeiträgen

3. … überlegte, wie viel Zeit … – Objektsatz; …, um die Dorfbewohner zu warnen… – Infinitiv mit zu; …, bevor die Flutwelle vom Meer zurückkam. – Temporalsatz; … Tada, seinen Enkel, … – Apposition; Schnell und doch jeden seiner Schritte bedenkend, … – Partizipialgruppe; …, die Reisgarben auf den Feldern unterhalb seines Hauses anzuzünden – Infinitiv mit zu; Als die Dorfbewohner sahen … – Temporalsatz; …, dass Hamaguchis Reisfelder lichterloh brannten, … – Konsekutivsatz; …, weil sie ihm helfen wollten. – Kausalsatz; Nachdem alle Dorfbewohner oben angekommen waren, … – Temporalsatz; …, dass alle Höhen erzitterten – Konsekutivsatz

Extra: Üben

Seite 70

1. Es gibt einen Zusammenhang zwischen Erdbeben und Vulkanausbrüchen. Erdbeben entstehen häufig dort, wo auch Vulkanausbrüche stattfinden. Wenn zwei Erdplatten aneinander reiben, kommt es zu einem Erdbeben. Weil dabei Öffnungen in der Erdkruste entstehen, kann heißes Magma aus dem Erdinneren entweichen. Während das Magma sich durch die Risse nach oben drängt, vermischt es sich mit gleichzeitig austretendem Gas, sodass ein starker Druck entsteht. Obwohl die Öffnungen in der Erdkruste zunächst nicht sichtbar sind, weil noch Wälder oder Wiesen darüber liegen, kann der Druck nicht zurückgehalten werden. Ein Vulkanausbruch funktioniert schließlich wie ein Überdruckventil, <u>damit der entstandene Druck entweichen kann</u>.

2. (1) Es kann interessant sein, sich über Erdbeben, Tsunamis und Vulkanausbrüche zu informieren. (2) Es ist nicht so leicht, die Bedingungen für die Entstehung von Erdbeben zu verstehen. (3) Besonders spannend muss es sein, einen Vulkan bei seinem Ausbruch zu beobachten. (4) Man muss schon lange suchen, um Vulkangestein mit Versteinerungen von Schnecken oder Insekten zu finden.

Seite 71

3. 1e, 2d, 3b, 4a, 5c

4. **Partizip I:** lobend, treffend, schützend, auswertend; **Partizip II:** gelobt, getroffen, geschützt, ausgewertet

5. Die deutsche Bundeskanzlerin reiste nach Jakarta, Indonesien, zu dem dort neu errichteten Tsunami-Zentrum. Ihr Besuch, <u>als wichtige Geste Deutschlands **gelobt**</u>, fand im Juli 2012 statt. <u>2004 von einem verheerenden Tsunami **getroffen**</u>, hatte Indonesien zusammen mit dem Geoforschungszentrum Potsdam dieses Zentrum aufgebaut. <u>Durch ein Frühwarnsystem **geschützt**</u>, hätte es 2004 nicht zu so hohen Opferzahlen kommen müssen. <u>Auf die Kanzlerin bei ihrem Besuch **treffend**</u>, erklärten ihr deutsche und indonesische Experten stolz die Arbeitsweise des Warnsystems vor Ort. <u>Informationen aus rund 300 Messstationen **auswertend**</u>, braucht das Warnsystem nur etwa fünf Minuten nach einem Beben, um die Bevölkerung zu warnen. Da in letzter Zeit häufiger heftige Tsunamis in der Gegend auftraten, war das Warnsystem, <u>die Bevölkerung **schützend**</u>, von besonders großer Bedeutung. <u>Die Einrichtung **lobend**</u>, hob die Kanzlerin das Zentrum als gutes Beispiel deutsch-indonesischer Zusammenarbeit hervor.

Regeln und Verfahren der Rechtschreibung anwenden

Zeitangaben richtig schreiben

Seite 72

1. Am <u>Montagmorgen</u> hat die Klasse eine Doppelstunde Mathe. <u>Vormittags</u> folgen je eine Doppelstunde Biologie und Deutsch. Geschichte steht nachmittags auf dem Plan. Anschließend haben die Schüler frei, aber gegen <u>Abend</u> müssen sie ihre Hausaufgaben machen. Sport hat die Klasse immer <u>dienstags</u> und <u>donnerstags</u>, Musik nur jeden <u>Dienstag</u>. <u>Montags</u> und auch jeden <u>Mittwoch</u> dauert der Unterricht mit acht Stunden bis weit in den <u>Nachmittag</u>. Religion/Ethik wird <u>mittwochnachmittags</u> unterrichtet. <u>Freitags</u>, am <u>Morgen</u> gibt es Physikunterricht. Abgeschlossen wird die Schulwoche <u>Freitagmittag</u> mit einer Doppelstunde Mathe, bevor die Schüler ins verdiente Wochenende gehen und am <u>Samstagmorgen</u> ausschlafen können.

2. abhängig von Schülerbeiträgen

Ortsangaben richtig schreiben

Seite 73

1. Schwäbische Alb, schwäbische Küche, indischer Tee, Indischer Ozean, griechischer Salat, Schweizer Berge, chinesische Seide, Hamburger Hafen, Wiener Schnitzel, Französische Revolution, französische Sprache, holländischer Gouda, holländisches Königshaus, belgische Pralinen, Kanarische Inseln, Edamer Käse, spanischer Wein, Kölner Dom, Bayrischer Wald; **Lösungssatz:** NIE OHNE SEIFE WASCHEN. (Merkspruch für: **N**orden **O**sten **S**üden **W**esten)

Verben getrennt schreiben und zusammenschreiben

Seite 74

1. sitzenbleiben, bleiben lassen, Klettern lernen, spazieren gehen, essen gehen, fernsehen

2. zum Beispiel:
Lukas und seine Mutter wollen gemeinsam <u>einkaufen fahren</u>. Anton will den Wert seiner Briefmarkensammlung <u>schätzen lassen</u>. Max muss <u>rechnen üben</u>. Sabines kleine Schwester wird bald <u>laufen lernen</u>. Sonja wird <u>sitzen bleiben</u>. Die Großeltern wollen <u>spazieren gehen</u>.

3. leicht verstehen, gut schreiben, gutschreiben, klein schreibt, kleinschreiben, großschreiben

Seite 75

4. **frei sprechen:** ohne abzulesen sprechen; **freisprechen:** begnadigen; **davon kommen:** daher kommen; **davonkommen:** entkommen; **zusammen fahren:** gemeinsam fahren; **zusammenfahren:** erschrecken; **wieder holen:** erneut holen; **wiederholen:** etwas noch einmal machen

5. abhängig von Schülerbeiträgen

Seite 76

6. großgeschrieben, groß geschrieben, frei sprechen, umfahren, freimachen, davon gekommen

7. auseinandersetzen, zusammentragen, daran denken, überlegen, deutlich werden, vorhersehen, zukommen, wiederholen, durchatmen, fest stehen, vortragen, frei sprechen, umherschweifen lassen, zu stellen

Seite 77

8. zum Beispiel:
Du musst dich beim Klettern gut <u>festhalten</u>. Kannst du beim Sägen das Brett bitte so richtig <u>fest halten</u>? Manche Verben muss man <u>zusammenschreiben</u>. Wir wollen Oma einen Brief <u>zusammen schreiben</u>.

9. **getrennt:** Salat essen, Auto fahren, Schach spielen, Eis essen, Leid haben, Rad fahren, Angst haben, Angst machen; **zusammen:** heimführen, heimfahren, heimlaufen, eislaufen, wettmachen, kopfstehen, kopfrechnen, leidtun, irreführen, irrewerden

10. **B1–H1:** vorüber sein, **A1–A9:** beisammen sein, **B2–B10:** zufrieden sein, **C2–E2:** aus sein, **C11–I11:** zusammen sein, **K7–K11:** dabei sein, **H4–H9:** pleite sein, **O5–I5:** schuld sein, **I6–I7:** zu sein, **F2–F10:** vorhanden sein, **G4–G9:** zurück sein, **C10–D10:** da sein

11. abhängig von Schülerbeiträgen

Das kannst du jetzt!

Seite 79

1./2. **Groß-/ Kleinschreibung:** Überschrift: Das **D**essauer Diktat, Zeile 1: **H**eute (Satzanfang), Zeile 1: an einem **M**ittwochmorgen, Zeile 1/2: eines **D**essauer Gymnasiums, Zeile 2: in der **d**ritten Stunde, Zeile 4: zwei Wochen, Zeile 4: **m**orgens, Zeile 8: in **E**nglisch, Zeile 10: am **M**ontag, Zeile 11/12, **v**orgestern, Zeile 14: im **K**laren, Zeile 14/15: im **A**llgemeinen, Zeile 15: das **E**inhalten; **Zusammen-/ Getrenntschreibung:** Zeile 9: versetzt werden, Zeile 9: sitzen bleiben, Zeile 13: weismachen, Zeile 13/14: lernen kann

Extra: Üben

Seite 80

1. **klein:** heute, mittags, jetzt, täglich, bald, vorgestern, nachts, gestern, übermorgen, donnerstags; **groß:** –; **erste/s Wort/Wörter klein, letztes Wort groß:** am Sonntag, in der Frühe, jeden Nachmittag, heute Abend, am frühen Morgen, morgen Mittag; **erste/s Wort/Wörter groß, letztes Wort klein:** –

2. abhängig von Schülerbeiträgen

3. vorhersagen, vorher sagen, zusammen tragen, zusammentragen, festbinden, fest binden, freisprechen, frei sprechen, gutschreiben, gut schreiben

Seite 81

4. Schlittschuh laufen, Auto fahren, Schlange stehen, Klavier spielen, fernsehen, kopfstehen

5. **Zusammenschreibung:** leichtfallen, richtigliegen, kaltlassen, klarmachen, schiefgehen; **Getrenntschreibung:** sitzen bleiben, einkaufen gehen, gefangen nehmen, wissen lassen, spazieren gehen, stehen bleiben

Test – Sprache thematisieren

Grammatik

Seite 82

1. Jeder Polizist kann plötzlich an einen Ort des Verbrechens gerufen werden, **(1)** an dem ein Toter vielleicht bereits mehrere Tage liegt. Wer ein zartes Gemüt hat, **(2)** ist da fehl am Platze. Am Tatort angekommen **(,)** muss der Beamte die Lage genauestens untersuchen. Oberste Regel am Tatort ist es, **(3)** nichts zu verändern. Diese Regel muss unbedingt beachtet werden, **(4)** denn jede Handlung kann wichtige Spuren verwischen. Rauchen, **(5)** sich irgendwo anlehnen oder hinsetzen sind grundsätzlich verboten. Jeder Polizist muss bei einem regungslos daliegenden Menschen zunächst prüfen, **(6)** ob noch Leben in ihm steckt. Der Beamte muss das Opfer vielleicht umdrehen, **(7)** um dies herausfinden zu können. Sobald ein Polizist am Tatort eingetroffen ist, **(8)** muss er diesen weiträumig absperren, **(9)** damit nicht Neugierige wichtige Spuren zerstören, **(10)** die zur Aufklärung des Verbrechens hilfreich sein könnten. Dazu gehören auch Zugangs- und Fluchtwege, **(11)** etwa das Treppenhaus, **(12)** der Fahrstuhl oder der Gartenweg. Die Personalien anwesender Leute müssen notiert werden, **(13)** sodass sie später als Zeugen befragt werden können. Natürlich muss jener Beamte, **(14)** der Erstermittler vor Ort, **(15)** nun sofort andere Kollegen alarmieren, **(16)** die dann die weitere genaue Spurensicherung übernehmen.
In allen Kriminalpolizei-Dienststellen gibt es spezielle Kommissionen zur Bearbeitung von Tötungsdelikten, **(17)** auch Mordkommission genannt. Bei schweren Straftaten, **(18)** wie beispielsweise Raubmord oder Mord aus Rache, **(19)** kann es bei der Aufklärung auf jede Minute ankommen. Immerhin ist es möglich, **(20)** dass der Mörder weitere Verbrechen plant, **(21)** die man natürlich unbedingt verhindern will. Obwohl Kriminalpolizisten die notwendigen Handgriffe und Verhaltensweisen am Tatort gelernt haben, **(22)** passieren ihnen immer wieder Fehler. Gerade junge Kriminalisten, **(23)** in allen Aufgaben theoretisch geschult, **(24)** müssen noch manch praktische Erfahrung sammeln.

Seite 83

2. **Komma in Satzverbindung/Satzgefüge:** Hauptsatz, Nebensatz: 9, 13; Nebensatz, Hauptsatz: 8, 22; Hauptsatz, Hauptsatz: 4; vor Relativsatz: 1, 10, 16, 21; vor Objektsatz: 6, 20
Komma bei Aufzählung: 5
Komma bei Subjektsatz: 2
Komma bei Infinitgruppe mit _zu_: 3, 7
Komma bei Partizipialgruppe: 23, 24
Komma bei nachträglicher Erläuterung: 11, 12, 17, 18, 19
Komma bei Apposition: 14, 15

3. **Satz:** <u>Am Tatort angekommen (,)</u> muss der Beamte die Lage genauestens untersuchen. (Zeile 2 f.)
Erklärung: Die Partizipialgruppe am Satzanfang **kann** vom übrigen Satz mit einem Komma abgetrennt werden, **muss** es aber **nicht**, **da** sie nicht mit einem hinweisenden Wort angekündigt wird und nicht bei einem Substantiv oder Pronomen als nachgestellte Erläuterung/Zusatz steht.

4.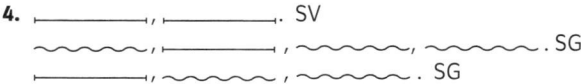

5. Sobald ein Polizist am Tatort eingetroffen ist, ... – Temporalsatz (Wann?); ..., damit nicht Neugierige wichtige

Spuren zerstören, … – Finalsatz (Wozu? Zu welchem Zweck?); …, sodass sie später als Zeugen befragt werden können. – Konsekutivsatz (Mit welcher Folge, Wirkung?); Obwohl Kriminalisten die notwendigen Handgriffe und Verhaltensweisen am Tatort gelernt haben, … – Konzessivsatz (Trotz welcher Umstände?)
Die Adverbialsätze informieren über nähere Umstände und Zusammenhänge von Handlungen.

6. … achten die Beamten der Mordkommission darauf, dass (K); … das Telefonbüchlein, das (RP); … geöffnet, so dass (K); … alles, das (RP); … ein Sparkassenbuch, das (RP); … davon ausgehen, dass (K); … liegt sicher ein anderes Tatmotiv vor, das (RP); … das Treppenhaus, das (RP); … wahrhaben, dass (K); … alles, das (RP); … feststellen, dass (K); … sich später als Fehlurteil herausstellt, das (RP)

Rechtschreibung

Seite 84

1. heißreden, Beispiel nehmen, kennenlernt, gleich bleibt, feststellen, entlangspazieren, maßhalten, wahrnehmen, aufladen, hochfahren, schnell schwimmen, eifrig jagen, herausschleppen

2. gestern, gestern Nachmittag, frühen Mittag, Gegen Abend (Satzanfang), heute Morgen, Donnerstagnachmittag, nachmittags, am Abend, sonntags, Sonnabenden

Test – Hörverstehen

Seite 85

1. keine Lösung

2. Zwei Personen unterhalten sich zwanglos miteinander.

3. … relativ schnelle Musik hört.

4. Beim Stemmen von Hanteln.

5. richtig, falsch, richtig, richtig, richtig

Seite 86

6. richtig, richtig, falsch, richtig, richtig

7. Schläge pro Minute

8. falsch, richtig, falsch, richtig, falsch

9. Durch das Mitsingen kommt man mit dem Atmen durcheinander, was nicht gut ist für das Erbringen der sportlichen Leistung. Durch lautes Mitsingen könnte es auch zu Seitenstechen kommen. Eventuell stört man durch das laute Singen auch die anderen Sportler.

10. Es wird empfohlen, dass man leise vor sich hin summt.

Test – Verstehendes Lesen
Sachtext

Seite 88

1. … von der Mitgliederversammlung des Deutschen Jugendherbergswerks.

2. Zeile 21ff.: „Wer in einer Jugendherberge übernachtet oder andere Angebote in Anspruch nimmt, muss Mitglied des Deutschen Jugendherbergswerkes oder eines anderen nationalen Jugendherbergsverbands sein. […] ausländische Gäste ohne Mitgliedskarte müssen eine internationale Gastkarte erwerben."

3. … die unterschiedlichen Bedürfnisse der Gäste zu berücksichtigen und ihnen einen spannungsarmen Aufenthalt zu ermöglichen.

4. der Gruppenleiter, der Lehrer

5. … in der Regel spätestens bis 18.00 Uhr, nach Ankunftszeitvereinbarung mit Herbergsleitung

Seite 89

6. A2, B1, C4, D3

7. falsch, richtig, falsch, falsch, richtig

8. richtig, falsch, richtig, richtig, richtig

Literarischer Text

Seite 90

1. keine Lösung

2. „Im Departement du Gard" (Zeile 1); „da, wo Nîmes liegt und der Pont du Gard: im südlichen Frankreich" (Zeile 1 f.)

3. Sie ist Beamtin.

4. richtig, falsch, richtig, falsch, richtig

5. Der Erzähler betrachtet die aufgezählten Institutionen mit einem ironischen Blick, wertet sie ab und will sie – so wie sie momentan sind – nicht erhalten.

Seite 91

6. richtig, falsch, richtig, richtig, falsch

7. 2, 3, 1, 5, 6, 4

8. Graf Koks ahnt, dass die Postbeamtin heimlich Briefe liest. Um dies zu entlarven, schreibt er einem Freund, dass er ihm einen Floh in den Brief gelegt hätte, tut es aber in Wirklichkeit nicht. Weil die Postbeamtin beim Lesen des Briefes den Floh nicht findet, legt sie selbst einen hinein und ist damit überführt.

9. … einem auktorialen Erzähler.

10. richtig, falsch, falsch, falsch

Test – Schreiben

Seite 92

1. Beide Kinder stellen beim Beschreiben sowohl die Natur als auch die Autobahnbrücke ins Zentrum. Sie verbinden damit aber ganz unterschiedliche Empfindungen.

2. Bastian: Wow! Ist diese Aussicht nicht gigantisch?; … schlängelt sich die Autobahn wie eine Schlange …; Ich finde es beeindruckend, wie hier Natur und moderne Bauwerke miteinander verschmelzen
Anna: … ich finde das ganz und gar nicht beeindruckend; … es ist erschreckend, wie dieses graue Ungetüm von einer Brücke den Blick in das bewaldete Tal verschandelt …; Da kann ich die Sicht auf die Berge nicht mehr genießen!

3. Was sehe ich? Autobahnbrücke, keine geradlinige Fahrbahn, sondern gebogen; Brücke ruht auf riesigen Brückenpfeilern; unter der Brücke tiefe Schlucht mit hohen Nadelbäumen; hohe Berge, teilweise bewaldet; ganz im Hintergrund: felsiges Bergmassiv, teilweise schneebedeckt
Welche Empfindungen löst das Landschaftsbild bei mir aus? abhängig von Schülerbeiträgen

4. abhängig von Schülerbeiträgen

Lösungen Umschlag Kreuzworträtsel
1. Lyrik, **2.** Enjambement, **3.** Rhythmus, **4.** Vergleich, **5.** Metrum, **6.** Paarreim, **7.** Ballade, **8.** Personifikation, **9.** Daktylus, **10.** Strophe, **11.** umarmender Reim, **12.** Trochaeus, **13.** Vers, **14.** Jambus, **15.** Alliteration, **16.** Metapher, **17.** Kreuzreim, **18.** Anapher, **19.** Thema, **20.** Anapaest,
Lösung: Lyrisches Ich

Hörtext
Musik – Mit Popstars auf die Laufbahn

Zehn Tage auf einem Hundeschlitten würde ich wahrscheinlich auch ein bisschen anstrengend finden. Ein bisschen? Ok, sehr anstrengend, aber oft fühlt man sich nach ein paar Minuten völlig kaputt und hat keine Lust mehr, sich weiter zu bewegen. Und da gibt es einen Trick, der ist sogar von Wissenschaftlern belegt. Musik. Wer beim Trainieren Musik hört, kommt besser voran. Lieblingslieder können ein Ansporn sein, z. B. beim Laufen. Man achtet nicht so auf die Zeit und auch nicht darauf, dass langsam die Muskeln anfangen weh zu tun, und sie lenken ab, wenn im Kopf nichts anderes mehr als die lähmende Frage herumgeistert: „Wie weit ist es noch?" Studien belegen, Athleten die Hanteln stemmen, während im Hintergrund Melodien spielen, können ihre Gewichte länger halten, als welche, die ohne musikalische Begleitung trainieren. Damit steht fest, wer beim Sport Rihanna, Timberland und Co. hört, der läuft, paddelt oder tritt nicht nur länger in die Pedale, er strengt sich auch stärker an. Die Sportprofis nutzen diese Erkenntnisse übrigens auch. Der äthiopische Zehntausend-Meter-Olympiasieger Haile Gebrselassie z. B. bat bei Sportfesten oft darum, während seines Rennens den Diskohit Skatman im Stadion zu spielen. Ein Song, der das Herz schneller schlagen lässt und den Wunsch weckt, um die Wette zu flitzen. Genau darin liegt das Geheimnis der Musik. Sie spricht Regionen in unserem Gehirn an, die von Anfeuerungsrufen nicht erreicht werden. Völlig unbewusst, versuchen wir plötzlich, uns im Takt des Liedes zu bewegen und möglichst bis zu dessen Ende durchzuhalten. Wichtig ist dabei das Tempo der Musik. Meistens gibt das Schlagzeug in Bands das Tempo vor. Man rechnet es in „beates per minute" pro Millet. Das ist englisch für Schläge pro Minute. Ich habe in meinem MP3-Player Beispiele für verschiedene Geschwindigkeiten. Hier, das sind 80 Beats pro Sekunde. Hip-Hop-Stücke haben in der Regel 70 bis 110 BPM. Das ist geeignet für's Krafttraining. Wenn man dagegen ein bisschen aufdreht und wie hier 130 Schläge will, dann nimmt man am besten Diskomusik. Wenn ihr ein Lied mit ungefähr diesem Rhythmus findet und ihr macht zu jedem Grundschlag einen Schritt, werdet ihr merken, dass dabei ein angenehmes Lauftempo rauskommt. Und dann macht joggen plötzlich Spaß. Sucht euch am besten ein Stück mit einer Melodie aus, die gut ins Ohr geht und die ihr mögt. Dann ist so ein Schultausendmeterlauf oder eine Viertelstunde Jogging ganz einfach und macht sogar Spaß. Und wenn der Sportlehrer das Tragen von MP3-Playern im Unterricht nicht erlaubt, hilft es auch, wenn man ein Lied nur so vor sich hinsummt. Hm.
Wie ist das denn mit lautem Mitsingen?
Ach, das würde ich nicht empfehlen. Dann kommt man mit dem Atmen durcheinander, kriegt Seitenstechen und dann geht auf einmal gar nichts mehr voran. Außerdem würde man die anderen stören, falls die einen ganz anderen Lauf-Lieblingshit haben.

Inhalt

Sich und andere informieren

Sachtexte erschließen und zusammenfassen

Schülerbuch S.14 ■ Zusammenfassung

In einer **Textzusammenfassung** werden **wesentliche Aussagen** eines Textes **mit eigenen Worten** wiedergegeben. Im ersten Schritt musst du den **Gedankengang** und die **Kernaussage** des Textes erfassen. Dabei
helfen dir die Fünf-Gang-Lesemethode und die W-Fragen. Im zweiten Schritt verfasst du Einleitung (Information über Titel, Autor, Kernaussage), Hauptteil (wichtigste Aussagen des Textes) und Schluss (Ergebnis
des Textes) der Textzusammenfassung. Schreibe im **Präsens**, knapp und sachlich. Nutze **präzise Formulierungen und Satzverknüpfungen**, um Zusammenhänge zu verdeutlichen.

1. Lies den folgenden Text.

Erich Übelacker: Haben wir eine innere Uhr?

Ein normaler Mensch schläft nachts etwa acht Stunden, danach ist er 16 Stunden wach. Dieser
24-Stunden-Rhythmus ist von vielen periodischen Veränderungen im Organismus begleitet. Unsere
Körpertemperatur steigt tagsüber an, erreicht abends einen Höchstwert und am frühen Morgen,
wenn wir noch schlafen, ein Minimum. Wenn man aufwacht, erreicht der Cortisol-Spiegel im Blut
5 einen Höchstwert. Dieses Hormon ist für die Bereitstellung von Energie verantwortlich, die für den
Tagesbeginn erforderlich ist. Die meisten Menschen haben einen Leistungsgipfel am späten Vor-
mittag sowie einen zweiten kleineren am Nachmittag. Das dazwischenliegende Tief tritt auch dann
ein, wenn das Mittagessen ausfällt, es ist sozusagen einprogrammiert. In den Nachtstunden sinkt die
gesamte Leistungsfähigkeit des Menschen ab. Das gilt für die Muskelkraft, aber auch für das Re-
10 aktionsvermögen und die geistigen Fähigkeiten. Man könnte noch viele andere Beispiele nennen.
Wichtig ist nur, dass alle unsere Organe einem 24-Stunden-Rhythmus folgen.
Damit ist aber noch nicht bewiesen, dass wir wirklich eine echte innere Uhr haben, die unabhängig
vom äußeren Geschehen den Körper steuert. Es könnte ja auch sein, dass der Mensch nur passiv auf
den Wechsel von Tag und Nacht reagiert. Was geschieht aber, wenn man diesen Reizen nicht mehr
15 ausgesetzt ist?
Um diese Frage zu beantworten, wurden immer wieder Freiwillige wochenlang in unterirdischen
Wohnungen untergebracht. Die Versuchspersonen konnten nicht sehen, ob gerade die Sonne
scheint, sie besaßen keine Uhr und mussten auf Radio und Fernsehen verzichten. Im Übrigen
hatten sie aber ein angenehmes Leben und konnten lesen, Musik hören, ihr Essen zubereiten und
20 schlafen gehen, wann immer sie wollten. Die Ergebnisse dieser Versuchsreihen waren teilweise überraschend:
Zwar blieben alle periodischen Prozesse erhalten, auch der Wechsel zwischen 2/3 Wachzeit und
1/3 Schlafzeit. Das wichtigste Resultat aber war, dass Schlaf- und Wachzeit zusammen nicht wie
erwartet 24 Stunden, sondern etwa 25 Stunden ergaben! Die von der Umwelt isolierten Versuchs-
25 personen standen jeden Tag eine Stunde später auf und gingen auch eine Stunde später zu Bett.
Trotz einiger Abweichungen […] zeigten die immer wieder durchgeführten Versuche mit unter-
irdisch untergebrachten Freiwilligen, dass wir eine innere oder „physiologische Uhr" haben, die
aber, wenn sie nicht täglich durch das Erlebnis von Tag und Nacht korrigiert wird, etwas langsamer
als erwartet läuft. Der 24-Stunden-Tag mit seinem Wechsel vom Licht zur Dunkelheit und seinen
30 sozialen Signalen zwingt dieser inneren Uhr jedoch einen 24-Stunden-Rhythmus auf.

2. Ergänze die Tabelle.

Autor	
Titel	
Textart	
Kernaussage (Worum geht es?)	

3. Formuliere mithilfe der Tabelle einen Einleitungssatz für eine Textzusammenfassung.

_____

_____

4. Lies das folgende Vorwort aus dem Sachbuch „Die Zeit".

Erich Übelacker: Die Zeit

Für jeden von uns spielt die Zeit eine wichtige Rolle. Unentwegt begegnen uns Begriffe wie
Arbeitszeit, Zeitalter, Sommerzeit und Zeitgeschichte. Aber niemand kann genau sagen, was Zeit
eigentlich ist. Die größten Wissenschaftler und Philosophen haben sich über dieses Problem
Gedanken gemacht. Nach Einstein, dem Schöpfer der Relativitätstheorie, ist die Zeit ein Maßstab,
5 in dem wir die Ereignisse vor- und hintereinander anordnen können. Ein anderes Mal soll er
einfach gesagt haben: „Zeit ist das, was man auf der Uhr abliest". Die schönste Äußerung zu unserer
Frage stammt vom Kirchenvater Augustinus: „Was ist die Zeit? Werde ich danach gefragt, so weiß
ich es. Will ich es aber dem Frager erklären, so weiß
ich es nicht." So schwer die Zeit zu definieren ist, so
10 sehr bestimmt sie unser tägliches Leben.
Dieses Buch erklärt, welche regelmäßig wiederkehrenden Himmelserscheinungen Ordnung in unser Dasein
bringen, aber auch, wie vielfältig die Bemühungen
unserer Vorfahren waren, Kalender aufzustellen. Die
15 Zeitmessung hat in letzter Zeit enorme Fortschritte
gemacht. Früher war man auf Sonnen- und Pendeluhren angewiesen, heute verfügen wir über Atomuhren, die erst nach einer Million Jahren um eine
Sekunde falsch gehen würden. Die Atomphysiker kön-
20 nen unvorstellbar kleine Zeitspannen messen, auf der
anderen Seite rechnen die Astronomen mit Jahrmilliar-
den. Die Biologen haben herausgefunden, dass Mensch
und Tier innere Uhren besitzen, die ihre Lebensabläufe
steuern, aber auch, dass man die frühen und späten
25 Lebensjahre verschieden lang empfindet.
Zu den wichtigsten Erkenntnissen unseres Jahrhunderts gehört die Tatsache, dass es gar keine vom Be-
obachter unabhängige absolute Zeit gibt. Wenn für
einen Raumfahrer in einem gedachten sehr schnellen
30 Raumschiff zwei Jahre vergehen, dann wird sein Zwil-
lingsbruder auf der Erde 30 Jahre älter. Auch in großen

Schwerefeldern, zum Beispiel in der Nähe der geheimnisvollen Schwarzen Löcher, läuft die Zeit langsamer. Für ein Lichtteilchen gibt es gar keine Zeit. Viele Wissenschaftler nehmen an, dass die Zeit einen Anfang und ein Ende hat. So soll es vor der Weltentstehung, dem sogenannten Urknall, überhaupt keine Zeit gegeben haben. Auch diese Grenzfragen werden in diesem Buch kurz behandelt, obwohl hier das letzte Wort noch nicht gesprochen ist. Im Zentrum sollen jedoch die für das alltägliche Leben wichtigen Begriffe wie Kalender, Uhr, Schaltjahr und Sommerzeit stehen.

5. Kläre die Bedeutung der im Text markierten Wörter und weiterer dir unbekannter Begriffe. Du kannst dazu ein Wörterbuch oder das Internet benutzen. Arbeite im Heft.

6. Fasse den Inhalt jedes Textabschnittes in einer Überschrift zusammen. Markiere dafür im Text die Schlüsselwörter.

Abschnitt 1: _____

Abschnitt 2: _____

Abschnitt 3: _____

7. Formuliere die Kernaussage des Textes mit eigenen Worten.

_____

_____

_____

_____

8. Schreibe für den Text „Die Zeit" Hauptteil und Schluss einer Textzusammenfassung. Folge dem Gedankengang des Textes. Arbeite im Heft.

◖ Einen Vortrag vorbereiten und halten

Schülerbuch S. 18 ■ Vortrag

Um einen **Vortrag** vorzubereiten, **formuliere** zunächst dein **Thema** und entwickle dazu **Fragestellungen** und Teilfragen. Suche **gezielt** nach **Informationen** und werte die Materialien aus. Gliedere deinen Vortrag in Einleitung (interessanter Einstieg), Hauptteil (wichtige inhaltliche Gesichtspunkte, roter Faden) und Schluss (kurze Zusammenfassung, Ausblick oder eigene Meinung). **Veranschauliche** deinen Vortrag durch Schaubilder, Diagramme oder Fotos. Erstelle **Präsentationsfolien**, die deinen Vortrag begleiten. Schreibe einen **Stichwortzettel**, notiere auch **Regieanweisungen** zum Ablauf.

1. Lies die Texte und entscheide, über welches der beiden Themen du einen Vortrag halten möchtest.

Holger Neumann: Zeitumstellung

Der Sonntag ist ein toller Tag: keine Schule, keine Arbeit – ganze 24 Stunden Zeit für sich! Es gibt aber eine Ausnahme: Der letzte Sonntag im März ist in Deutschland nur 23 Stunden lang. Schuld daran ist die so genannte Sommerzeit.

Seit 1980 gibt es in Deutschland die Sommerzeit. Dadurch soll das Tageslicht besser ausgenutzt und der
Stromverbrauch während der Sommermonate gesenkt
werden.
Das klingt eigentlich ziemlich einleuchtend – denn
wenn es abends eine Stunde länger hell ist, muss das
Licht auch erst eine Stunde später eingeschaltet werden.
Ob die Zeitumstellung aber wirklich beim Energie-
sparen hilft, ist bei Energie-Experten umstritten.
Einige von ihnen glauben nämlich, dass der Energiever-
brauch seit Einführung der Sommerzeit nicht zurück-
gegangen, sondern sogar gestiegen ist!
Der Grund: Im April ist es früh am Morgen noch ziemlich kalt, so dass viele Menschen die Heizung aufdrehen
und dadurch eine große Menge Energie verbrauchen.
Außerdem nutzen sie die langen Sommerabende häufig
für Ausflüge mit dem Auto, so dass auch der Benzin-
verbrauch steigt.
Vielen Menschen macht die Sommerzeit auch ganz schön zu schaffen! Noch Tage nach der Zeitumstellung schlafen sie schlecht, weil ihre innere Uhr auf Grund der verlorenen Stunde durcheinander gekommen ist.
Einen unbestreitbaren Vorteil hat die Sommerzeit aber auf alle Fälle:
Am letzten Sonntag im Oktober bekommen wir die „gestohlene" Stunde wieder geschenkt. Und
so ein Herbstsonntag mit 25 Stunden ist doch wirklich eine tolle Erfindung.

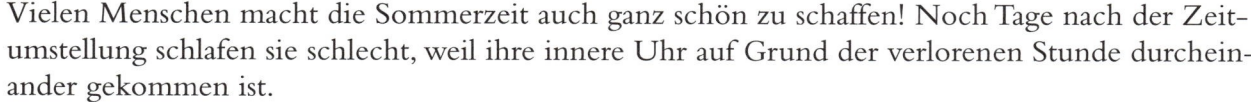
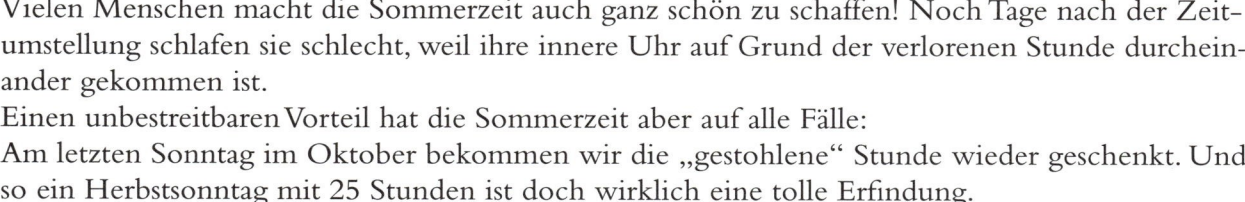

Holger Neumann: Innere Uhr

Wer jeden Morgen um 6.30 Uhr aufsteht, um zur
Schule zu gehen, dem kann es passieren, dass er auch
am ersten Ferientag um halb sieben aufwacht – und das
ganz ohne Wecker! Schuld daran ist die innere Uhr.
In der Mitte deines Gehirns befinden sich zwei steck-
nadelkopfgroße Ansammlungen von Nervenzellen.
Diese Nervenzellen überwachen die Stärke des Lichts,
das auf die Augen trifft.
Sobald es hell wird, signalisieren die Nervenzellen deinem Körper, dass ein neuer Tag beginnt. Deine innere
Uhr funktioniert.
Probleme macht die innere Uhr immer dann, wenn sie
von heute auf morgen verstellt wird – zum Beispiel bei
einer Reise über mehrere Zeitzonen.
Wer von Deutschland nach Australien fliegt, dem kann
es schon mal passieren, dass er in den ersten Nächten
nicht schlafen kann und dafür mitten am Tag todmüde
wird. Dieses Phänomen wird „Jetlag" genannt. Nor-
malerweise gewöhnt sich der Körper schon nach wenigen Tagen an den neuen Rhythmus – es gibt aber
Menschen, die bis zu zwei Wochen unter dem „Jetlag"
leiden.
Ein Tag besteht aus ungefähr zwei Dritteln Helligkeit
und einem Drittel Dunkelheit – also etwa 16 Stunden

25 Tageslicht und acht Stunden Finsternis. Diesem natürlichen Tagesrhythmus hat sich dein Körper angepasst. In verschiedenen Versuchen haben Wissenschaftler aber herausgefunden, dass sich die innere Uhr ganz einfach „umprogrammieren" lässt: Mithilfe von künstlichem Licht dehnten sie den Tag auf 31 Stunden aus oder verkürzten ihn auf 19 Stunden. In beiden Fällen wurde der natürliche Tagesablauf von zwei Dritteln Helligkeit und einem Drittel Dunkelheit beibehalten. Das
30 Ergebnis: Die Versuchspersonen stellten sich im Laufe der Zeit problemlos auf den neuen Tages-Rhythmus ein, ohne dass ihre Gesundheit darunter gelitten hätte!

2. Formuliere zu dem Thema „Zeitumstellung" oder zu dem Thema „Innere Uhr" Fragen, die du gezielt klären möchtest.

Mein Thema: _____

Fragen, die ich klären möchte: _____

_____

_____

3. Entscheide dich für eine Recherchemöglichkeit zu deinem Thema und suche auf diesem Weg nach Materialien und Informationen.

Physiklehrer fragen

Das Thema in eine Kindersuchmaschine im Internet eingeben

Im Lexikon nachschlagen

Biolehrer fragen

In die Bibliothek gehen

Kurze Interviews mit Mitschülern führen

4. Überlege dir mithilfe der Schüleraussagen einen interessanten Einstieg für deinen Vortrag.

Ich habe für den Einstieg einen Gegenstand mitgebracht, der mein Thema veranschaulicht.

Ich beginne immer mit einer provozierenden These, um die Aufmerksamkeit meiner Zuhörer zu wecken.

Ich habe einen kleinen Dialog geschrieben, in dem deutlich wird, warum mein Thema wichtig und interessant ist.

Ich habe ein Gedicht zum Thema herausgesucht und es zu Beginn vorgetragen.

Ich habe mit einer kurzen Umfrage im Publikum begonnen.

5. Erarbeite einen Vortrag zu deinem Thema. Gliedere deinen Vortrag in Einleitung, Hauptteil und Schluss. Arbeite im Heft.

1. Schreibe zu dem folgenden Text eine Zusammenfassung. Werte dazu auch die Grafik „Physiologische Leistungskurve eines Erwachsenen" aus. Arbeite im Heft.

Oliver Lanner: Die innere Uhr der Kinder tickt anders

Frühes Aufstehen ist für viele Kinder der reinste Horror. Oft ist weniger Faulheit als vielmehr ein verschobener Schlafrhythmus für die morgendliche Trägheit verantwortlich. „Kinder und Jugendliche haben einen anderen biologischen Rhythmus als Erwachsene", erklärt Jürgen Zulley vom Schlafmedizinischen Zentrum der Psychiatrischen Klinik in Regensburg gegenüber NetDoktor.de.

5 Was sich morgens in vielen Kinderzimmern abspiele, komme der inneren Uhr nicht entgegen, so der Chronobiologe. Zwischen halb sieben und sieben Uhr morgens sei der jugendliche Organismus auf einem Tiefpunkt, an problemloses Aufstehen daher nicht zu denken. Kommen die Kinder in die Pubertät, erhöht sich das Schlafbedürfnis durch die Entwicklungsschübe nochmals.

Das Problem ist nicht damit gelöst, die Kinder früher ins Bett zu schicken. „Meistens klappt das
10 nicht, weil sich der Schlafrhythmus verschiebt", so Zulley. Sie liegen zwar früher im Bett, schlafen aber erst später ein. Von den neun bis zehn Stunden Schlaf, die ein Jugendlicher benötigt, fehlen ein bis zwei Stunden.

Die Folgen des frühen Aufstehens sind morgendliche Appetitlosigkeit, Konzentrationsschwächen und Trägheit. Abgesehen davon, dass langfristig Gesundheit und schulische Leistungen beeinträch-
15 tigt werden, kann darüber hinaus die Unaufmerksamkeit auf dem Schulweg gefährliche Folgen haben. Das Grundübel liegt nach Ansicht des Chronobiologen im zeitigen Unterrichtsbeginn der Schulen. Die Schüler müssten sich an die Bedürfnisse der Eltern und Lehrer anpassen, kritisiert er. „Vergleichende Studien aus anderen Ländern haben gezeigt", so Zulley, „dass sich Gesundheit, Essverhalten, Leistungen und Motivation der Schüler bei späterem Schulbeginn deutlich bessern." Die
20 Lösung wäre die Ganztagsschule, aber das sei eine politische Frage, sagt er.

Einige Tipps kann Zulley dennoch geben: Auch wenn es eine „harte" Maßnahme sei, sollten Eltern möglichst viel helles Licht als biologischen Wecker einsetzen. Denn Helligkeit wirke aktivierend. Eine fixe „Bettzeit" sollte festgelegt sowie der Verzicht auf Fernsehen vor dem Einschlafen die Regel sein, weil die Bilder oft mit in den Schlaf genommen würden.

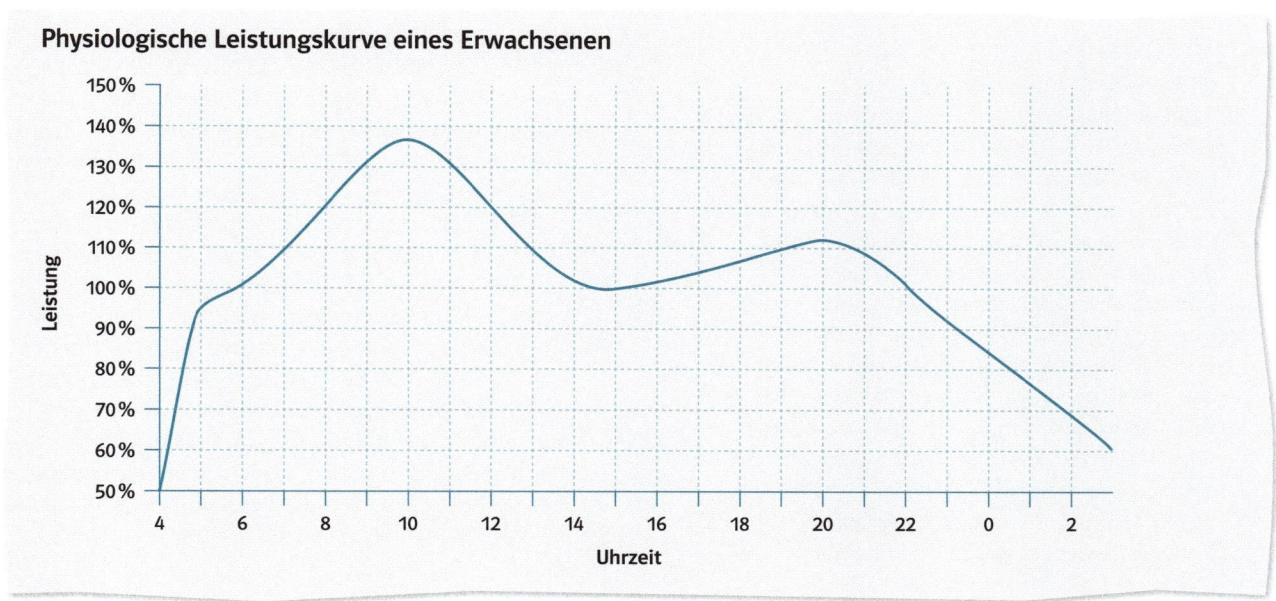

2. Recherchiere weitere Materialien zu dem Thema des Textes und erarbeite einen kurzen Vortrag.

EXTRA: Üben

1. Betrachte die Abbildungen auf der Präsentationsfolie und lies die kurzen Texte.

d) Heute steuert bei der Quarzuhr ein schwingendes Quarzkristall über einen elektronischen Kreislauf die Zeitangabe. Viele Jahrtausende lang war die rotierende Erde die genaueste „Uhr", da sie sich einmal in 24 Stunden um ihre eigene Achse dreht. Mit dem Aufkommen der ersten Quarzuhren merkte man, dass die „Erduhr" gar nicht so genau geht. Deshalb gelten heute als „Zeitstandard" Atome, deren Schwingungen als Gangregler für Atomuhren dienen.

a) Schon Jahrtausende vor der Erfindung moderner Uhren haben die Menschen versucht, die Zeit zu messen. Sie nutzten die Elemente, die sie umgaben. Sehr früh erkannten unsere Vorfahren, dass eine gleichmäßig brennende Flamme pro Stunde immer die gleiche Menge Öl oder Wachs verbrauchte. Man begann, Kerzen, Öllampen oder Dochte für die Zeitmessung zu benutzen. Später bekamen die Kerzen Markierungen, an denen man die Zeit ablesen konnte, wenn die Kerze abbrannte. Auch Öllampen wurden als Uhren benutzt. Der durchsichtige Ölbehälter hatte eine senkrechte Skala, an der man den Ölstand ablesen konnte.

c) Auch das Auslaufen mit Wasser oder Sand gefüllter Gefäße kann man zur Zeitmessung verwenden. Sanduhren werden zum Teil noch heute benutzt. Sie bestehen meist aus zwei birnenförmigen Glasbehältern, die an ihrer spitzen Seite durch ein ganz feines Röhrchen verbunden sind. Der Sand strömt aus dem oberen Behälter in einer ganz bestimmten Zeit in den unteren. So wurde auch das langsame Auslaufen von Wassergefäßen zur Zeitmessung benutzt. Ähnlich wie bei den Öluhren wurde der Wasserstand angezeigt. Da das Wasser immer gleich schnell auslief, konnte man am Flüssigkeitsspiegel auch die Zeit ablesen.

b) Sonnenuhren waren die ersten brauchbaren Geräte zur Messung der Tageszeit. Schon vor 3–4000 Jahren kannten die alten Babylonier Sonnenuhren. Im alten Babylon waren die Zahlen 12 und 60 heilig. Noch heute bestimmen diese „magischen" Zahlen die Einteilung unseres Ziffernblattes. Auch die Einteilung des Tages in 2 mal 12 Stunden stammt aus Babylon. Man benutzt bei Sonnenuhren keine senkrechten Stäbe, sondern neigt diese um ca. 45° und richtet das obere Ende nach Norden aus. Auf einem Ziffernblatt kann die Zeit abgelesen werden. Im Laufe der Zeit wurden kleine Taschensonnenuhren und wahre Monsteruhren, wie die Riesenuhr von Jaipur in Indien, deren Ziffernblatt einen Durchmesser von 30 m besitzt, entwickelt. Heute sind diese Uhren eine Zierde in Gärten und Parks.

2. Ordne die Texte den Abbildungen zu, indem du die Bilder mit den Textbuchstaben beschriftest.

3. Schwierige Sachverhalte kannst du durch Paraphrasieren erschließen. Gib die folgenden Aussagen mit eigenen Worten wieder.

„Schon Jahrtausende vor der Erfindung moderner Uhren haben die Menschen versucht, die Zeit zu messen. Sie nutzten die Elemente, die sie umgaben."

_____

_____

„Viele Jahrtausende lang war die rotierende Erde die genaueste ‚Uhr', da sie sich einmal in 24 Stunden um ihre eigene Achse dreht."

_____

_____

„Mit dem Aufkommen der ersten Quarzuhren merkte man, dass die ‚Erduhr' gar nicht so genau geht."

_____

_____

„Heute sind diese Uhren eine Zierde in Gärten und Parks."

_____

_____

4. Kreuze an, welche Formulierungen für den Abschluss deines Vortrags geeignet sind.

☐ „Zum Schluss möchte ich euch ein Zitat vorlesen: …"

☐ „Fertig!"

☐ „All das hat mich ziemlich nachdenklich gemacht und ich habe mich gefragt, ob …/wie …/ warum … Aber das wäre ein Thema für einen neuen Vortrag."

☐ „Und?! Wie war's? Ich glaub, ich war voll peinlich, oder?"

☐ „Habt ihr noch Fragen zu meinem Vortrag?"

☐ „Sehr verehrtes Publikum! Ich möchte Ihnen allen nunmehr recht herzlich für Ihre Aufmerksamkeit danken!"

☐ „Ich fasse also noch einmal die wichtigsten Punkte zusammen: …"

☐ „Zum Schluss möchte ich meine eigene Meinung zu der Frage darlegen: …"

KLAPP!
KLAPP! KLATSCH!

Ein Thema erörtern

Argumentieren

Schülerbuch S. 42 ■ Erörtern

Wenn du ein Gegenüber von deinem **Standpunkt** überzeugen möchtest, musst du **Argumente** nennen.

Standpunkt: *Es ist besser, wenn ich im Unterricht neben Lisa sitze.*
Argument 1: *Nele und ich lenken uns gegenseitig ab.*
Argument 2: *Lisa und ich sind zwar nicht befreundet, können aber gut zusammenarbeiten.*

Um deine Argumente zu stützen und zu veranschaulichen, kannst du **Beispiele** anführen, z. B. Statistiken, Zitate oder eigene Erfahrungen.

Beispiel für Argument 1: *Gestern haben wir in Deutsch wieder nur über unsere Lieblingsbands geredet.*
Beispiel für Argument 2: *Untersuchungen zeigen, dass Freunde nicht immer die besten Arbeitspartner sind.*

Wichtig ist auch, dass du deine **Argumente sinnvoll verknüpfst und anordnest**. Du kannst zum Beispiel deine Argumentation vom schwächsten zum stärksten Argument steigern.

Achte auf die **Sprache**: Argumentiere sachlich und klar, vermeide Andeutungen und Geschmacksurteile.

---

1. Sollte man bei einem sozialen Netzwerk angemeldet sein? Formuliere deinen Standpunkt und begründe ihn mit drei Argumenten.

Standpunkt:

_____

Argument 1:

_____

Argument 2:

_____

Argument 3:

_____

2. Finde für jedes deiner Argumente ein unterstützendes Beispiel.

Beispiel für Argument 1:

_____

Beispiel für Argument 2:

_____

Beispiel für Argument 3:

_____

Netzwerke und doppelter Boden

Soziale Netzwerke sind für viele Jugendliche und Erwachsene aus dem Alltag nicht mehr wegzudenken. Ob Chatten, Nachrichten verschicken oder die Profile der Freunde ansehen - die Nutzungsmöglichkeiten sind vielfältig und Web-Communities ungebrochen beliebt. Allerdings melden sich auch immer wieder kritische Stimmen zu Wort.

Sie alle kennen Facebook, Twitter und Co. und jeder hat seine ganz persönliche Meinung dazu: Anna (13) und ihre Freundin Melinda (12) sind in einem sozialen Netzwerk angemeldet, weil sie sich darüber problemlos mit ihren Mitschülern und Freunden austauschen können. Yanick (14) nutzt Facebook und Instagram vor allem, um Fotos aus seinem Leben zu posten. Maria aus Dresden
5 hingegen verweigert ihre Teilnahme. „Ich werde oft gefragt, warum ich nicht bei Facebook bin, aber ich komme auch so an alle relevanten Informationen und sehe gar nicht ein, mich dort anzumelden", meint die 14-Jährige. „Ich finde es einfach deprimierend, allein vor dem Computer zu sitzen und gehe lieber nach draußen, um meine Freunde im wirklichen Leben zu treffen". Ole (13) hat bereits negative Erfahrungen mit Facebook gemacht: „Zwei Klassenkameraden haben zu Be-
10 ginn des Schuljahres ein falsches Profil von mir erstellt und da ziemlich fiese Dinge über mich verbreitet." Zudem sei in seiner Klasse ein Junge, der regelrecht süchtig sei und permanent an seinem Handy hänge, um die neuesten Postings seiner Freunde zu lesen.
Markus Krieger, Lehrer an einem Gymnasium in Altenburg, sieht den Vorteil sozialer Netzwerke für Schüler vor allem darin, sich einfach und schnell in verschiedenen Gruppen wie der Schülermitver-
15 waltung oder Lerngruppen zu organisieren. Er weiß jedoch nur zu gut, was passieren kann, wenn man zu leichtfertig mit seinen Daten umgeht. Eine Kollegin hatte sich im vergangenen Jahr bei Facebook angemeldet und sehr persönliche Nachrichten und Fotos unter ihrem wirklichen Namen veröffentlicht. Weil sie es nicht verstand, ihr Profil entsprechend abzudichten, waren ihre Einträge für alle sichtbar, so dass sie von Schülern ungewollt auf ihr Privatleben angesprochen wurde.

20 Krieger warnt deshalb eindringlich: „Wer einem sozialen Netzwerk beitritt, muss sich mit der Frage auseinandersetzen, wie er seine Daten am besten schützt, ansonsten kann es böse Überraschungen geben. Datenschutz ist nicht einfach garantiert!"
Der Datenschutzbeauftragte Franz Forster argumentiert ähnlich: „Jugendliche sollten sich gut überlegen, was sie in sozialen Netzwerken von sich preisgeben. Das Internet vergisst nichts!" Selbst bei
25 einer Löschung werde der Account nur stillgelegt und die Daten würden weiterhin aufbewahrt. Jugendliche, die sich für eine Arbeitsstelle bewerben, müssten zum Beispiel damit rechnen, dass sich ihr zukünftiger Chef ihr Profil vor der Einstellung ansieht. „Ein Profil mit wilden Partybildern ist da selten von Vorteil", so der Experte.

3. Schreibe stichwortartig alle Argumente und Beispiele aus dem Text heraus, die gegen eine Nutzung von sozialen Netzwerken sprechen.

Name	Argument	Beispiel	Wichtigkeit des Arguments
Maria	Zum Informationsaustausch nicht zwingend notwendig		
Ole	Gefahr von ...	Mitschüler haben ein falsches Profil von mir erstellt.	
Markus Krieger			
Franz Forster			

4. Ordne die Argumente nach Wichtigkeit, indem du ihnen Schulnoten von 1–6 gibst.

5. Schreibe einen Artikel für die Schülerzeitung, in dem du für oder gegen die Nutzung von sozialen Netzwerken argumentierst. Greife auch Argumente der Gegenseite auf. Arbeite im Heft.

Verschiedene Textarten nutzen, um Adressaten zu überzeugen

Wenn du deinen **Standpunkt** darlegen, eine **Forderung** stellen oder ein **Ziel** durchsetzen möchtest, musst du die Textart bewusst wählen und gestalten. Mögliche **Textarten** sind z. B.:
Plakat, förmlicher Brief, offizieller Antrag, Flugblatt, förmliche E-Mail

Beachte folgende Fragen:
– An wen wendet sich der Text? Welche **Wortwahl** ist für deinen **Adressaten** geeignet und angemessen?
– Welches Ziel verfolgst du? **Was** möchtest du bei dem Adressaten **bewirken**?
– Welche **Merkmale der Textart** musst du beachten?

> *Handynutzung in der Schule sollte außerhalb des Unterrichts erlaubt sein!*

> *Unsere Schule braucht eine Mensa!*

> *Es sollte an unserer Schule eine Basketball-AG geben.*

> *Wir möchten unsere Lehrer duzen!*

> *Ein Klassenzimmer im Freien wäre eine tolle Sache!*

1. Erstelle zu zwei der Forderungen in den Sprechblasen eine Stoffsammlung, indem du Argumente sammelst, die dafür und dagegen sprechen. Übertrage die Tabelle und arbeite im Heft.

Stoffsammlung zu ...		Stoffsammlung zu ...	
dafür	dagegen	dafür	dagegen

2. Schreibe zu einer Forderung einen förmlichen Brief an die Schulleiterin. Arbeite im Heft.

15

Schuluniformen – Auch an deutschen Schulen?

In Deutschland können die Schulen meist selbst entscheiden, ob sie Uniformen für ihre Schüler wollen. Ungefähr ein Dutzend Schulen haben sich dafür entschieden. Dort kommen dann die Kinder in einheitlicher Kluft zum Unterricht. Aber man muss diese Schuluniformen nicht tragen. Jeder kann selbst entscheiden, weil es freiwillig ist. Deshalb wird die einheitliche Kleidung auch nicht
5 „Schuluniform", sondern „Schulkleidung" genannt.
In Großbritannien müssen die Kinder seit gut einhundert Jahren Schuluniformen tragen. So lange also schon, dass die Schuluniform ganz selbstverständlich ist. Trotzdem wird auch in Großbritannien immer mal wieder darüber diskutiert. Manche finden, die Schulkleidung werde immer teurer und teurer, die Eltern aber sind ja gezwungen, sie zu kaufen. An manchen Schulen in Großbritannien
10 sind die Vorschriften auch noch extra streng: Da dürfen die Mädchen dann zum Beispiel keine Hosen tragen. Außerdem ist auf den britischen Schuluniformen immer auch das Wappen der Schule drauf. So kann jeder sehen, ob der Schüler auf eine angesehene Schule oder auf eine Schule mit schlechtem Ruf geht. Auch in Südafrika gibt es Schuluniformen. Dort hat die Einheitskleidung für die Schüler noch eine andere Bedeutung: Egal welche Hautfarbe ein Kind hat, alle haben dasselbe
15 an. Das ist in Südafrika etwas Besonderes, denn viele Menschen mit schwarzer Hautfarbe werden dort benachteiligt. Wenigstens aber in der Schule sind, zumindest äußerlich, alle gleich.

1. Lies den Text. Notiere Argumente, Gegenargumente und Beispiele des Textes in der Stoffsammlung.

Stoffsammlung: Schuluniformen ja oder nein?	
Argumente:	1.
	2.
Beispiele:	zu 1.
	zu 2.
Gegenargumente:	1.
	2.
Beispiele:	zu 1.
	zu 2.

2. Stelle deinen eigenen Standpunkt in einer schriftlichen Erörterung dar. Ergänze zunächst die Stoffsammlung von Aufgabe 1 mit weiteren Argumenten und Beispielen und erstelle eine Gliederung. Arbeite im Heft.

1. Entziffere die Formulierungshilfen für eine Erörterung und schreibe sie auf.

tshcänuZ lamnie tsi se enie ehcastaT, ssad … _Zunächst einmal ist es eine Tatsache, dass …_

seiD tgiez hcis hcua na … _Dies zeigt sich auch an …_

iebaD ssum nam nethcaeb, ssad … _Dabei muss man beachten, dass …_

nI meseid gnahnemmasuZ tsi hcua githciw, ssad … _In diesem Zusammenhang ist auch wichtig, dass …_

suaraD tbigre hcis, ssad … _Daraus ergibt sich, dass …_

blahseD nnak nam run uz med ssulhcS nemmok, ssad … _Deshalb kann man nur zu dem Schluss kommen, dass …_

niE srednoseb regithciw tknuP tsi … _Ein besonders wichtiger Punkt ist …_

naM frad thcin nessegrev, ssad … _Man darf nicht vergessen, dass …_

uzniH tmmok, ssad … _Hinzu kommt, dass …_

2. Formuliere zu jedem Thema eine Meinung dafür und eine dagegen. Nutze die Formulierungshilfen!

Bioessen in der Mensa: Ja oder nein?

Ich bin überzeugt, dass wir endlich Bioessen in der Mensa brauchen.

Meiner Ansicht nach ist Bioessen in der Mensa weder notwendig noch sinnvoll.

Zensuren im Sportunterricht: Ja oder nein?

Ich meine, dass …
Ich denke, dass …
Ich finde, dass … Ich glaube, dass …
Ich bin überzeugt, dass …
Ich bin der Meinung, dass …
Meiner Meinung nach …
Meiner Ansicht nach … Ich halte es
für richtig/falsch, dass …
Ich bin gegen …

Ganztagsschule: Ja oder nein?

Klassenfahrten ins Ausland: Ja oder nein?

Sachlich und subjektiv beschreiben

⊖ Komplexe Gegenstände vergleichend beschreiben

Schülerbuch S.52 ■ Beschreiben

 Überlege bei der Stoffsammlung für die **vergleichende Beschreibung**, nach welchen **Gesichtspunkten** du die Gegenstände vergleichen möchtest (Funktion, wichtige Teile). Notiere **Gemeinsamkeiten** und **Unterschiede** und ordne die Vergleichskriterien. Erstelle einen **Schreibplan** für Einleitung (mit Definition), Hauptteil (vom Gemeinsamen zum Unterschied bzw. vom Allgemeinen zu wichtigen Details) und Schluss (Ergebnis des Vergleichs) deiner Beschreibung.
Schreibe **sachlich** und im **Präsens**. Verwende Formulierungen, die auf Gemeinsamkeiten und Unterschiede hinweisen.

Im Jahr 1826 wurde das erste Foto der Welt nach acht Stunden Belichtungszeit auf einer Kupferplatte aufgenommen. Ab 1887 gab es eine Kamera, in der ein Zelluloid-Rollfilm belichtet wurde. Diese Erfindung machte das Fotografieren zu einem wahren Volkssport. Heute wird kaum noch mit diesen analogen Apparaten fotografiert, sondern vor allem mit Digitalkameras.

1. Betrachte die beiden Abbildungen genau und lies die Beschriftungen.

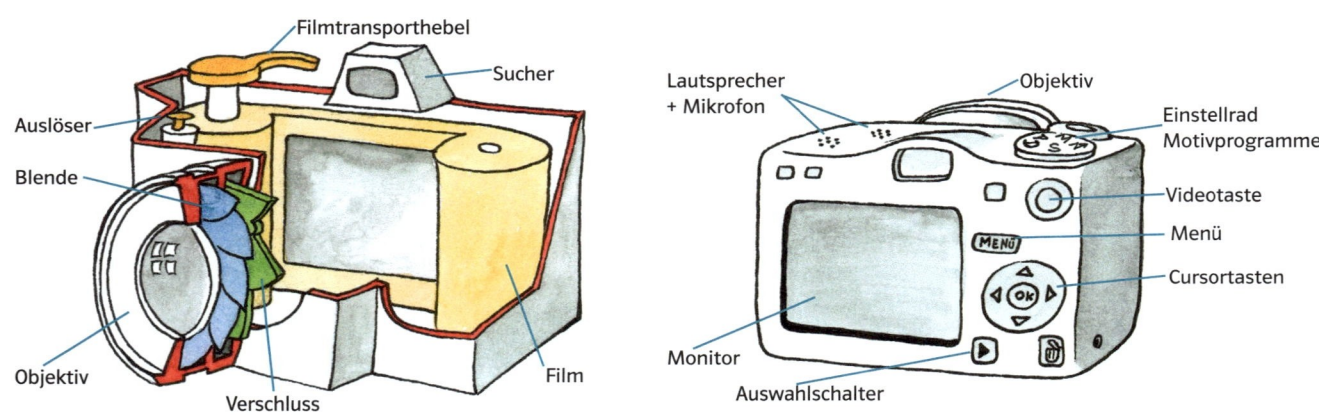

2. Ordne jeder der folgenden Funktionsbeschreibungen den richtigen Fachbegriff zu. Orientiere dich an den Abbildungsbeschriftungen aus Aufgabe 1.

Durch ihn sieht man den Ausschnitt, der im Bild festgehalten werden soll.

_____

Die veränderliche Öffnung hinter dem Objektiv ermöglicht es, die Belichtung von Hand zu steuern.

_____

Es besteht aus einer oder mehreren Linsen, die das Licht sammeln und das Motiv auf den Film oder die Speicherkarte projizieren.

_____

Er bewegt den Film Bild für Bild am Verschluss vorbei von einer Spule der Filmkassette auf die andere.

Verschiedene Einstellungen zum Fotografieren oder zur Videoaufnahme können hier über Tasten gewählt werden.

3. 📑 Beschreibe kurz die Funktion der folgenden Bestandteile einer Digitalkamera: *Videotaste, Auswahlschalter (REC/WIEDERGABE), Lautsprecher und Mikrofon.* Arbeite im Heft.

4. Die folgende Tabelle stellt zu allgemeinen Merkmalen von Fotokameras Gemeinsamkeiten und Unterschiede gegenüber. Ergänze die Lücken.

Unterschiede	Merkmal/Vergleichskriterium	TYP 1	TYP 2
	Arbeitsweise	*analog*	
	Speichermedium		*Speicherkarte*
	Kontrolle der Aufnahme		*sofort möglich*
	Bildverarbeitung	*Labor*	
	Bildpräsentation	*Fotoabzug,*	*Fotoausdruck,*
Gemeinsamkeiten	Funktion	*Bilder aufzeichnen*	
	Funktionsteile	*Sucher, Blitz,*	
	Energiequelle	*Batterie*	

5. 📑 Julian hat mit einer vergleichenden Beschreibung der beiden Kameratypen angefangen. Setze seine Beschreibung fort. Nutze dazu die Stoffsammlung in der obigen Tabelle. Arbeite im Heft.

Analog oder digital

Mit beiden Kameras können Bilder erfasst, gespeichert und nach der Aufnahme unabhängig von dem Apparat gezeigt werden. Sowohl charakteristische Funktionsteile wie Objektiv, Sucher oder Auslöser als auch die Stromerzeugung über eine Batterie gehören zu jeder Kamera.
Jedoch benötigt eine Digitalkamera mehr Strom, da sie über vielfältigere Funktionen verfügt, zum Beispiel Videoaufnahme und -wiedergabe. Im Gegensatz zur Digitalkamera arbeitet ...

Eine Landschaft subjektiv beschreiben

Schülerbuch S. 56 ■ Landschaftsbeschreibung

Bei einer **subjektiven Landschaftsbeschreibung** kommt es darauf an, dass du deine **persönlichen Eindrücke** anschaulich wiedergibst. Du verbindest dazu die sachliche, objektive Beschreibung mit der **Schilderung deiner Gefühle und Gedanken** beim Betrachten der Landschaft. Achte auf eine Gliederung deiner Beschreibung in **Einleitung** (sachlich, z. B. durch Angabe des geografischen Namens, oder subjektiv, z. B. durch die Beschreibung eines Sinneseindrucks), **Hauptteil** (Verknüpfung von objektiver Beschreibung mit subjektiven Eindrücken) und **Schluss** (Wirkung der Landschaft zusammenfassend beschreiben). Du kannst im **Präsens oder Präteritum** schreiben. Verwende Vergleiche und achte auf eine treffende Wortwahl.

1. Lies den folgenden Auszug aus Heinrich Heines „Harzreise" und notiere, was den Erzähler beim Betreten des Waldes beeindruckt.

_____

_____

_____

Heinrich Heine: Die Harzreise (Auszug)

Fröhlich stieg ich den Berg hinauf. Bald empfing mich eine Waldung himmelhoher Tannen, für die ich in jeder Hinsicht Respekt habe. Diesen Bäumen ist nämlich das Wachsen nicht so ganz leicht gemacht worden, und sie haben es sich in der Jugend sauer werden lassen. Der Berg ist hier mit vielen großen Granitblöcken übersät, und die meisten Bäume mussten mit ihren Wurzeln diese Steine
5 umranken oder sprengen, und mühsam den Boden suchen, woraus sie Nahrung schöpfen können. Hier und da liegen die Steine, gleichsam ein Tor bildend, übereinander, und oben darauf stehen die Bäume, die nackten Wurzeln über jene Steinpforte hinziehend, und erst am Fuße derselben den Boden erfassend, so dass sie in der freien Luft zu wachsen scheinen.
Und doch haben sie sich zu jener gewaltigen Höhe emporgeschwungen, und mit den umklam-
10 merten Steinen wie zusammengewachsen, stehen sie fester als ihre bequemen Kollegen im zahmen Forstboden des flachen Landes.

2. 📖 Fertige eine Zeichnung von der beschriebenen Landschaft an. Arbeite im Heft.

3. Markiere in dem Textausschnitt die objektiven Formulierungen blau und die subjektiven rot.

4. Der Erzähler spricht über die Bäume, als wären sie menschliche Wesen. Belege diese Behauptung mit zwei Textstellen. Schreibe sie mit Zeilenangaben heraus.

_____

_____

5. 📖 Gib die Gedanken und Gefühle des Erzählers in einem kurzen Text mit eigenen Worten wieder. Arbeite im Heft.

Anlässlich einer Fotoausstellung zum Thema „Unterwegs in der Natur" ruft die Lokalzeitung alle Schülerinnen und Schüler des Ortes auf, zu einem ausgewählten Foto eine subjektive Beschreibung anzufertigen und diese einzusenden. Die besten Texte sollen prämiert werden.

1. Stell dir vor, du würdest dem Aufruf der Zeitung folgen. Wähle eine der Abbildungen aus und halte in einer Stoffsammlung fest, was du darauf siehst und welche Empfindungen, Gedanken und Gefühle du beim Betrachten des Bildes hast.

Was sehe ich?

_____

_____

_____

_____

_____

Welche persönlichen Eindrücke habe ich?

_____

_____

_____

_____

_____

2. 📃 Fertige eine subjektive Beschreibung der Landschaft deiner Wahl an. Arbeite im Heft.

○ EXTRA: Üben

– Vorderradgabel und Alurahmen gefedert
– Gewicht 15,8 kg
– leichte Kettenschaltung
– 24 Gänge
– grobes Reifenprofil 2,5 Zoll
– Scheibenbremsen mit hoher Belastungsdauer
– ohne Klingel, Beleuchtung, Rückstrahler

– steifer Alu-Rahmen, gefederte Sattelstütze
– Gewicht 19,3 kg
– schmutzgeschützte Nabenschaltung
– 14 Gänge
– Reifenprofil 1,4 Zoll
– hydraulische Scheibenbremsen mit hoher Belastungsdauer
– LED-Scheinwerfer und Standlicht

1. Ergänze in der folgenden vergleichenden Beschreibung der beiden Fahrräder Formulierungen, um Gemeinsamkeiten oder Unterschiede hervorzuheben. Orientiere dich an den Vorgaben in den Kästen.

> ebenso wie …, beide …, sowohl … als auch, Gemeinsamkeiten sind …, gemeinsam ist beiden …

> jedoch …, im Gegensatz zu …, im Unterschied zu …, während …, bestehen Unterschiede …, abweichend von …, ist … unterschiedlich

_____ das 26 Zoll Mountainbike _____ _____ das 28 Zoll Herren Trekking-rad sind Sportgeräte mit guter Fahrqualität, denn _____ verfügen durch die leichten Alu-miniumrahmen über ein geringes Gewicht und durch die hydraulischen Scheibenbremsen über eine gute Fahrsicherheit. _____ _____ zum Trekkingrad verfügt das Mountainbike über eine 24-Gang-Kettenschaltung und ein grobes Reifenprofil von 2,5 Zoll, so dass es für Touren in bergigem Gebiet bestens geeignet ist. Die schmutzgeschützte 14-Gang-Nabenschaltung sowie das 1,4 Zoll starke Reifenprofil ermöglichen _____ auch dem Trekkingfahrer Touren in leichtem Gelände. Entsprechend ihrer Nutzung _____ _____ in der Federung der Räder. _____ das Mountainbike mit einer gefederten Vorderradgabel und einem gefederten Rah-men ausgestattet ist, verfügt das Trekkingrad lediglich über eine gefederte Sattelstütze. Allerdings verfügt dieses Rad _____ _____ Mountainbike über LED-Scheinwerfer, Standlicht, Schutzbleche und Gepäckträger. Dem Mountainbike fehlen Klingel, Beleuchtung und Rückstrahler, weshalb es _____ _____ zum Trekkingrad nicht für den Straßenverkehr zugelassen ist.

2. Das Verb *verfügen über* wiederholt sich in der Beschreibung sehr oft. Notiere Synonyme für dieses Verb.

_____

_____

3. 📰 Betrachte das Bild von einer Strandlandschaft und lass es auf dich wirken. Übernimm die Beispieltabelle in dein Heft und notiere auf der einen Seite weitere Details der Landschaft, die bei dir Gefühle auslösen. Sammle auf der anderen Seite treffende Wörter und passende Vergleiche, die deine Empfindungen veranschaulichen.

Detail der Landschaft	Beschreibung
Sanddüne	*– weicher, kühler, fließender Sand* *– Wellen wie im Wasser* *– ...*
Strandhafer	*...*

4. Karoline hat ihre Eindrücke von einer Dünenlandschaft beschrieben. Lies ihre subjektive Landschaftsbeschreibung.

???	*Einleitung fehlt*
Ich gehe zum Strand. Der Wind weht kühl, aber angenehm. Er ver-	
wuschelt meine Haare. Ich genieße die Ruhe. Meine Schuhe trage ich in	*Dünen, Sand = Empfindung?*
der linken Hand.	
Langsam und mit leichtem Rückenwind gehe ich in Richtung Meer.	*Wortwiederholung*
Da im Moment Flut herrscht, höre ich die Wellen leicht auf das Meer	
peitschen. Ich fühle mich frei. Ich gehe dicht an das Wasser heran	*Widerspruch*
und spüre das kalte Nass an meinen Füßen. Plötzlich zieht stinkender	
Algengeruch in meine Nase. Als ich schon ein Stück gegangen bin,	
spüre ich unerwartet ein glitschiges Etwas unter meinem rechten	
Fuß. Igitt, ich bin auf eine lila durchsichtige Qualle getreten. Ich gehe	
in Richtung Sonnenuntergang weiter und genieße die ruhige Abend-	
stimmung.	

5. 📰 Die Randkorrekturen an Karolines Text geben Hinweise zur Überarbeitung. Ergänze weitere Hinweise und überarbeite Karolines Landschaftsbeschreibung. Du kannst auch deine Tabelle aus Aufgabe 3 zur Hilfe nehmen. Arbeite im Heft.

Zu literarischen Texten schreiben

 ## Die Vorgeschichte zu einer Erzählung schreiben

Schülerbuch S.78 ■ Erzählungen (um)gestalten

Wenn du einen literarischen Text besser verstehen möchtest, kann es helfen, **produktiv mit ihm umzugehen**, also zum Beispiel die **Vorgeschichte**, eine **Fortsetzung** oder einen **inneren Monolog** zu schreiben. Dazu musst du zunächst den Inhalt und die Gestaltung des Ausgangstextes untersuchen.

Den **Inhalt** klären:
- Stelle **W-Fragen** an den Text und beantworte sie.
- Achte je nach Art der produktiven Aufgabe auf **Rückgriffe, Hinweise zum weiteren Geschehen** oder die **Sprechweise der Figuren**

Die **Gestaltung** untersuchen:
- **Erzählform** (Ich- oder Er-/Sie-Form), **Erzählperspektive** (Außensicht oder Innensicht), **Erzählverhalten** (personal oder auktorial)
- **Textaufbau** (z. B. chronologisch, Zeitsprünge, Rückblicke, Hinweise auf den weiteren Verlauf)
- **Figuren** (direkte oder indirekte Charakterisierung)
- **sprachliche Merkmale** (z. B. viele Dialoge, bildhafte Sprache, auffälliger Satzbau)

Jaap ter Haar: Behalt das Leben lieb (Ausschnitt)

Niemand kennt den Abstand zwischen Leben und Tod. Niemand wusste, welche Strecke dieses Weges Berend zurückgelegt hatte. Die Ärzte und Krankenschwestern wussten nur, dass er dem Ende nahe gewesen war. In Fieberträumen war er bewusstlos in die tiefe, unerreichbare Welt hinabgetaucht, die auf dem Grunde jedes Menschen verborgen liegt. Dort bewegte er sich in dunklen
5 Tunnels, sah drohende Ungeheuer und geriet in eine zeitlose Angst. Doch er ging in der Tiefe auch durch grüne Landschaften; und Gefühle des Glücks bewiesen, dass das Tiefste der menschlichen Seele nicht allein vom Elend erfüllt ist.
Zwei Tage und drei Nächte war Berend fast ununterbrochen bewusstlos. Manchmal war er unruhig und schrie. Manchmal auch zog unter dem dicken Verband ein stilles, glückliches Lächeln über sein
10 weißes Gesicht. Dann hörte die Krankenschwester, die Wache hielt, geflüsterte Worte: „Gerne" oder „wie schön". Und einmal sagte er deutlich hörbar: „Danke!"
Auf dem langen Weg zwischen Leben und Tod begann das hohe Fieber in der dritten Nacht zu sinken. Die Atmung wurde ruhiger, und der Herzschlag fand den ruhigen Rhythmus von früher wieder. Berend erwachte an diesem dritten Morgen, als hätte man ihn aus dem Traum eines beinahe bo-
15 denlosen Schlafes geweckt. Und langsam drang in sein Bewusstsein, dass er wach war. Er hatte schrecklichen Durst. Und der Schmerz kehrte zurück, doch nicht mehr so peinigend wie zuvor. Schmerz…? Träge stellten schattenhafte Erinnerungen sich ein: Mutters sanfte Stimme, Vaters Hand und die undeutlichen Bilder, die sich wie im Dämmerlicht auf dem Bildschirm seines Traums bewegt hatten.
20 Schritte näherten sich. Sie klangen nackt und hohl auf dem harten Linoleum. Jemand zog die Vorhänge auf. Das war an dem metallischen Geräusch zu hören. Da stimmte was nicht, dachte Berend. Das Zimmer blieb dunkel.
„Mutter, bist du es?"
Mutter musste diese fremden Geräusche doch erklären können, den Schmerz und die Übelkeit
25 erregende Luft.

„Wo bin ich?" Eine kühle Hand ergriff seinen Arm. „Du bist im Krankenhaus Berend. Ich bin die Krankenschwester, Schwester Wil."

Krankenhaus? Schwester Wil? Beer begriff nicht. Krampfhaft suchte er nach einem Anhaltspunkt. Ja, die Schule war zu Ende gewesen. Bennie hatte auf die Französischarbeit geschimpft, und Goof

30 hatte mit diesem kaputten Ball zum Schreien komisch à la Cruyff* gespielt und dann diesen schrägen Schuss abgefeuert. Und dann …? […]

Berend lag jetzt ganz still. Er versuchte, sich vorzustellen, was nach der Schule passiert war. Goof hatte dem Ball einen Stoß versetzt … Ja, gleich darauf musste das Unglück passiert sein. Hatte ihn ein Auto erwischt? Dann hab' ich Glück gehabt, dachte Beer, denn an seinem Körper

35 war noch alles ganz. War er nicht vielleicht mit dem Kopf durch die Windschutzscheibe geflogen? Hatte er deshalb den Verband um den Kopf?

Und dann durchzuckte ihn plötzlich ein schrecklicher Gedanke, der aller Unsicherheit und allem Zweifel ein Ende setzte. Es gibt

40 Dinge, die Kinder manchmal ganz plötzlich mit großer Bestimmtheit wissen; Gedanken, die aus dem Nichts auftauchen und deren Richtigkeit mit absoluter Gewissheit gefühlt wird. Wenn sie auch keinen einzigen Beweis

45 liefern können, so erkennen sie doch die Wahrheit – mit einer Art Hellsichtigkeit, die den meisten Erwachsenen verloren gegangen ist. Solch ein Moment der Sicherheit, solch ein Augenblick der

50 Wahrheit war für Berend Ligthart gekommen. Er erinnerte sich auf einmal, dass er in seinen Schmerzen und Traumbildern etwas

55 gerufen hatte. Er hörte wieder seine ängstliche Stimme: „Meine Augen! Wo sind meine Augen!"

* Cruyff: ehemaliger holländischer Fußballprofi

1. Lies den Textauszug und kläre den Inhalt mithilfe der W-Fragen.

Wer? _____

Wo? _____

Wann?/Wie lange? _____

Was? _____

2. Markiere die Textstelle, die Auskunft über die Ereignisse vor dem Krankenhausaufenthalt gibt. Notiere die Zeilenangabe und kreuze an, worum es sich bei diesen Informationen handelt.

☐ Vorausdeutung ☐ Rückblick ☐ chronologische Abfolge

3. Wie lässt sich die Erzählweise genauer bestimmen? Kreuze an, was auf den Textauszug zutrifft. Begründe deine Entscheidung anhand von Textbeispielen.

☐ Ich-Form

☐ Er-/Sie-Form

Textbeispiel: _____

☐ Außensicht (Der Erzähler berichtet nur über Vorgänge, die von außen beobachtbar sind.)

☐ Innensicht (Der Erzähler hat Einblick in die Gedanken und Gefühle einer Figur.)

Textbeispiel: _____

☐ Auktoriales Erzählverhalten (Der Erzähler steht außerhalb des Geschehens und ist allwissend.)

☐ Personales Erzählverhalten (Der Erzähler erzählt aus der Sicht einer Figur.)

Textbeispiel: _____

4. Kreuze an, in welchem Erzähltempus die Geschichte verfasst ist.

☐ Präsens   ☐ Präteritum   ☐ Futur

5. Unterstreiche die Textstellen, die Auskunft darüber geben, wie und mit welchen Sinnen Berend seine Umgebung wahrnimmt. Notiere, was dir auffällt.

_____

_____

6. Erstelle einen Schreibplan für eine Vorgeschichte. Berücksichtige die Hinweise im Ausgangstext.

Schreibplan für eine Vorgeschichte
Warum Berend ins Krankenhaus kam

7. 📑 Verfasse die Vorgeschichte zu dem Textauszug „Behalt das Leben lieb", indem du erzählst, wie es zu Berends Krankenhausaufenthalt kam. Halte dich an die sprachliche Gestaltung des Ausgangstextes. Arbeite im Heft.

8. Überprüfe, ob dein Text logisch aufgebaut und verständlich formuliert ist und ob sich der Ausgangstext nahtlos anfügen lässt. Kontrolliere Rechtschreibung und Grammatik.

Schülerbuch S. 81 ■ Innerer Monolog

Wenn du einen inneren Monolog verfassen möchtest, musst du Folgendes beachten:
- Schreibe in der **Ich-Form**
- Schreibe über **Gefühle** und **Gedanken**
- Gebrauche **kurze**, unvollständige **Sätze**, Gedankensprünge, Fragen, Ausrufe
- Verwende **Alltagssprache**
- Verwende das **Präsens**

Jaap ter Haar: Behalt das Leben lieb (Ausschnitt)

Wieder zu Hause! Doch alles, was davon übrig blieb, waren die unsicheren Schritte auf dem Weg durch den Garten. Die Haustür ging auf. Die aufgeregte Stimme von Annemiek [seiner Schwester] flog ihm entgegen: „Ha, Beer! Fein, dass du wieder da bist!" Er kriegte einen unbeholfenen Kuss aufs Ohr, weil er seinen Kopf im letzten Moment doch in die falsche Richtung gedreht hatte. Dann
5 wieder weitertappen in vollkommener Dunkelheit.
„Achte auf die Treppe", warnte Vater. Wieder so ein Spruch für Dreikäsehochs, der wie der Stachel einer Wespe mitten in die Verzweiflung traf. Hob er nur deshalb seinen Fuß zu früh? Und stolperte er deshalb beinahe doch noch über die verdammten Platten vor der Tür?
Wieder zu Hause! Er stand jetzt im Korridor – in dem einst so vertrauten, jetzt aber unsichtbar
10 gewordenen Korridor –, aber Freude überkam ihn nicht.
„Endlich." Mutters Stimme klang froh und glücklich, weil sie ihr Kind, mochte es auch noch so versehrt sein, wieder unter ihre Fittiche nehmen konnte. […]
Zögernd ging Beer den Korridor entlang. Mutter nahm ihn behutsam am Arm, aber er machte sich los. Unter seinem Verband war die Welt unheilverkündend schwarz.
15 „Bist du müde? Willst du dich ein bisschen hinlegen?"
Beer schüttelte den Kopf. Er wollte allein sein. In Gottes Namen einfach allein sein mit seiner Angst und seiner zugeschnürten Kehle. „Erst mal in mein Zimmer."
Schließlich fand er doch das Treppengeländer und die ersten Stufen.
Mutter war schon wieder hinter ihm. „Geht's?"
20 „Ja, Mutter. Ich find's schon." Er sagte es so freundlich wie möglich, um den anderen die Freude über seine Rückkehr nicht ganz zu verderben.
„Lass ihn nur." Geflüsterte Worte von Vater, der natürlich, zu Mutter und Annemiek gewandt, vielsagende Gesten machte.
Auf halber Treppe stolperte Beer über die letzte Stufe vor dem kleinen Absatz. Glücklicherweise
25 bot ihm das Geländer noch rechtzeitig Halt. Unbeholfen, trotzig und halb weinend fand er sein Zimmer. […]

„Wieder zu Hause, mein Junge", sagte Vater, als sie bei Tisch saßen und köstliche Gerüche von gebratener Lammkeule, gerösteten Kartoffeln, frischem Salat mit Schnittlauch und Apfelmus aufstiegen. […]
30 Mutter hatte Bennie und Goof zum Essen eingeladen – vielleicht, weil sie sich so sehr wünschte, dass alles wieder wie früher sei.
Beer hatte sich auf seine Freunde gefreut, aber es war nicht so das Richtige. Schwer zu sagen, weshalb. Ihre Stimmen glitten munter über den Tisch, aber ihre Worte waren irgendwie leer – sie glichen Wäscheklammern, die keine Wäsche hielten: „Am Sonnabend hättest du uns mal sehen sollen.
35 Harry war Mittelstürmer, und Kees stand halbrechts, auf deinem Platz …" […]
„Apropos Cruyff", sagte Bennie zu Goof. „Hast du Sonntag im Fernsehen sein letztes Tor gesehen?"
„Klar! Phantastisch war das!"
Leere Wäscheklammern auf der Wäscheleine, dachte Beer […]. „Beer, soll ich dir helfen?", fragte Mutter, als offenbar alle ihren Teller leergegessen hatten.

40 „Ich schaff's allein. Das hab' ich im Krankenhaus auch geschafft, wenn ich auch ziemlich viel ge-
kleckert hab'."
„Du kannst so viel kleckern, wie du willst", sagte Vater, dann war es still – vielleicht deshalb, weil
Beer neben sein Fleisch gepiekt und eine leere Gabel zum Mund geführt hatte.
„Was macht die Schule?", fragte er schnell, weil er sofort spürte, dass sie ein wenig verwirrt zu ihm
45 hersahen.
„Wir werden mit Klassenarbeiten totgeschlagen. Heute wieder zwei: Algebra und Franz."
„Sybolt hat 'ne Fünf von Tams gekriegt, weil er gespickt hat!"
„Das werd' ich nie mehr tun können", sagte Beer. Niemand lachte, obwohl es doch als Scherz
gemeint war.

1. Berend ist wieder zu Hause. Lies den Textauszug und notiere in Stichpunkten, wie sein erster Abend
daheim verläuft.

_____

_____

_____

_____

2. Markiere alle Textstellen, an denen deutlich wird, dass Berends Leben sich verändert hat.

3. Trage alle Figuren, die in dem Textauszug vorkommen, in die Mindmap ein. Wähle aus dem unten
stehenden Kasten Adjektive aus, die zu den jeweiligen Figuren passen.

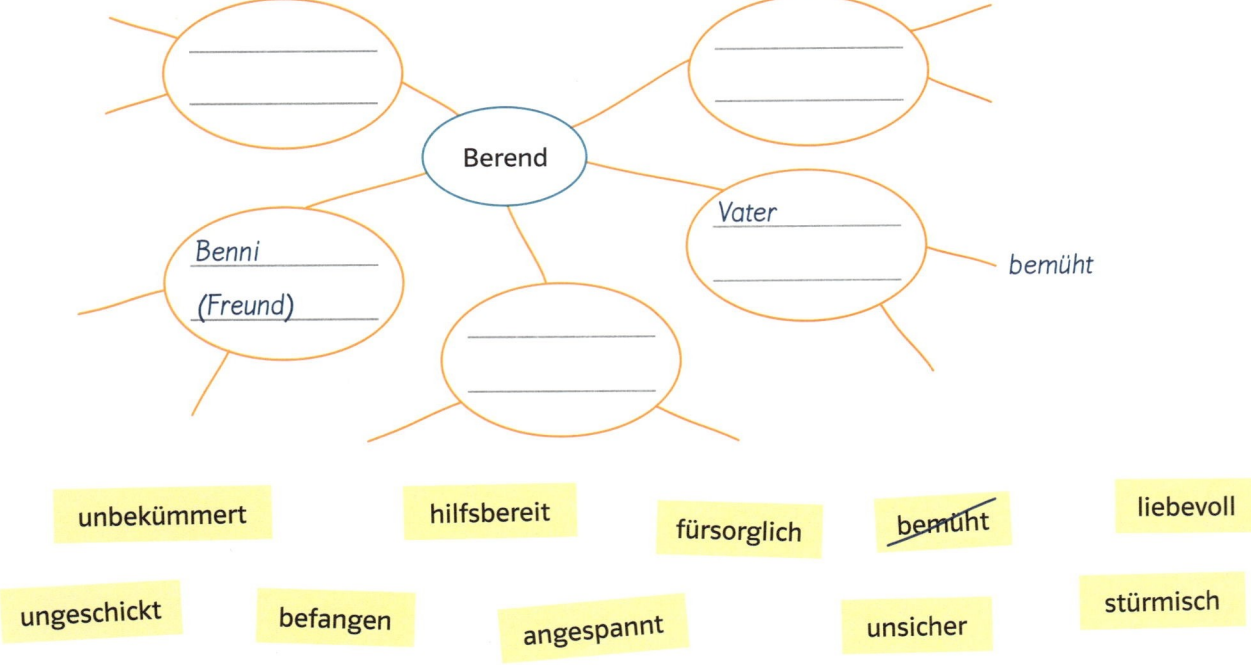

4. 📖 Wähle eine der Figuren aus. Notiere Gedanken und Gefühlen, die die Figur nach dem Abendessen
mit Berend bewegen könnten. Arbeite im Heft.

5. 📖 Verfasse einen inneren Monolog aus der Sicht der von dir gewählten Figur. Arbeite im Heft.

Reiner Kunze: Fünfzehn

Sie trägt einen Rock, den kann man nicht beschreiben, denn schon ein einziges Wort wäre zu lang. Ihr Schal dagegen ähnelt einer Doppelschleppe: Lässig um den Hals geworfen, fällt er in ganzer Breite über Schienbein und Wade. […] Zum Schal trägt sie Tennisschuhe, auf denen jeder ihrer Freunde und jede ihrer Freundinnen unterschrieben haben. Sie ist fünfzehn Jahre alt und gibt
5 nichts auf die Meinung uralter Leute – das sind alle Leute über dreißig. Könnte einer von ihnen sie verstehen, selbst wenn er sich bemühen würde? Ich bin über dreißig.
Wenn sie Musik hört, vibrieren noch im übernächsten Zimmer die Türfüllungen. Ich weiß, diese Lautstärke bedeutet für sie Lustgewinn. Teilbefriedigung ihres Bedürfnisses nach Protest. […] Dennoch ertappe ich mich immer wieder bei einer Kurzschlussreaktion: Ich spüre plötzlich den Drang
10 in mir, sie zu bitten, das Radio leiser zu stellen. Wie also könnte ich sie verstehen – bei diesem Nervensystem? […] Auf den Möbeln ihres Zimmers flockt der Staub. Unter ihrem Bett wallt er. Dazwischen liegen Haarklemmen, ein Taschenspiegel, Knautschlacklederreste, Schnellhefter, Apfelstiele, ein Plastikbeutel mit der Aufschrift „Der Duft der großen weiten Welt", angelesene und übereinander gestülpte Bücher, Jeans mit in sich gekehrten Hosenbeinen, halb und dreiviertel
15 gewendete Pullover, Strumpfhosen, Nylon und benutzte Taschentücher. […] Ich weiß: Sie will sich nicht den Nichtigkeiten des Lebens ausliefern. Sie fürchtet die Einengung des Blicks, des Geistes. […] Außerdem wägt sie die Tätigkeiten gegeneinander ab nach dem Maß an Unlustgefühlen, das mit ihnen verbunden sein könnte, und betrachtet es als Ausdruck persönlicher Freiheit, die unlustintensiveren zu ignorieren. Doch nicht nur, dass ich ab und zu heimlich ihr Zimmer wische, um
20 ihre Mutter vor Herzkrämpfen zu bewahren – ich muss mich auch vor der Versuchung erwehren, diese Nichtigkeiten ins Blickfeld zu rücken und auf die Ausbildung innerer Zwänge hinzuwirken. Einmal bin ich dieser Versuchung erlegen.

---

1. Lies den Text von Reiner Kunze und schreibe auf, in welcher Erzählform und in welchem Erzähltempus er verfasst ist.

Erzählform: _____

Erzähltempus: _____

2. Kreuze den Satz an, der die Haltung des Vaters zu seiner Tochter am besten beschreibt.

☐ Der Vater ist wütend auf seine Tochter und will, dass sie sich ändert.

☐ Der Vater beobachtet seine Tochter mit ironischer Distanz und möchte sie eigentlich nicht bevormunden.

☐ Der Vater ist traurig, weil er seine Tochter nicht versteht.

☐ Der Vater macht sich große Sorgen um seine Tochter und überlegt, wie er mit ihr ins Gespräch kommen kann.

3. Einmal ist der Vater der „Versuchung erlegen", „diese Nichtigkeiten ins Blickfeld zu rücken". Schreibe eine Fortsetzung für die Erzählung.
- Kläre, was der Vater mit „diese Nichtigkeiten" meint.
- Überlege, auf welche Weise er „diese Nichtigkeiten" ins Blickfeld seiner Tochter rücken könnte.
- Achte darauf, den Ton der Erzählung beizubehalten.
- Überlege mit Blick auf den letzten Satz, in welchem Tempus du deine Fortsetzung schreiben musst.

○ EXTRA: Üben

Yüksel Pazarkaya: Deutsche Kastanien

„Du bist kein Deutscher!" sagte Stefan zu Ender in der Pause auf dem Schulhof. Weshalb nur wollte er heute mit Ender nicht Fangen spielen? Um eben einen Grund dafür zu nennen, sagte er einfach: „Du bist doch kein Deutscher." […]

Enders schöne dunkle Augen wurden traurig. Sein Inneres sträubte sich, als hätte er sich etwas zu-
5 schulden kommen lassen. In seinem Herzen zerbrach etwas. Er schwieg. Er ließ den Kopf hängen. Er ging weg. […]

Auch im letzten Herbst war es ihm einmal so ergangen. In dem Wohnviertel gibt es einen hüb-schen kleinen Park, voll Blumen und Bäume. Im Herbst ist er am schönsten. Dann ziehen die Kas-tanien alle Kinder in der Umgebung an. […] Am Nachmittag ging Ender in den Park. Zwei Kinder
10 warfen mit Steinen nach den Kastanien. […] Ender näherte sich ihnen. Er bückte sich nach einer Kastanie, die auf dem Boden lag. Eines von den beiden Kindern sagte zu ihm: „Finger weg!" – „Ich will auch Kastanien sammeln", sagte Ender. Das zweite Kind rief: „Du darfst sie nicht sammeln, das sind deutsche Kastanien." Ender verstand nichts. Das erste Kind fügte hinzu: „Du bist kein Deut-scher." Dann sagte das andere: „Du bist Ausländer." […]

15 Nun war Ender entschlossen, nach dem, was heute zwischen Stefan und ihm passiert war, die Frage endlich zu lösen, die den ganzen Tag wieder in seinem Kopf herumschwirrte. Sobald er den Fuß über die Türschwelle setzte, schleuderte er der Mutter seine Frage ins Gesicht. „Mutti, was bin ich?" […]

Hoppla! Solche Fragen gefielen Enders Mutter gar nicht. Denn die Antwort darauf fiel ihr schwer.
20 Was sollte sie da sagen? Im Grunde war das keine schwere Frage. Sie kannte auch die genaue Ant-wort auf diese Frage. Aber würde Ender sie auch verstehen können? […]

Seine Mutter und sein Vater sind Türken. In der Türkei sind sie geboren, aufgewachsen und in die Schule gegangen. Nach Deutschland sind sie nur gekommen, um zu arbeiten und Geld verdienen zu können. Sie können auch gar nicht gut Deutsch. […]

25 Bei Ender ist es aber ganz anders. Er ist in Deutschland geboren. Hier ist er in den Kindergarten gegangen. Jetzt geht er in die erste Klasse, in eine deutsche Schule. Deutsche Kinder sind seine Freunde. […] Ender spricht auch Türkisch, aber nicht so gut wie Deutsch. Wenn er türkisch spricht, mischt er oft deutsche Wörter hinein. […]

Am Abend kam Enders Vater von der Arbeit nach Hause. Noch bevor die Tür sich richtig öffnete, fragte Ender: „Vati, bin ich Türke oder Deutscher?"

1. Lies den Text „Deutsche Kastanien". Kreuze den Satz an, der am genauesten den Inhalt der Geschichte wiedergibt.

- [ ] Die Geschichte handelt von Ender und seinem deutschen Freund Stefan, die sich auf dem Schulhof gestritten haben.

- [ ] In der Geschichte geht es um Ender, der türkische Eltern hat und deshalb von deutschen Kindern geärgert und schlecht behandelt wird; er ist verunsichert und möchte wissen, wohin er gehört.

- [ ] Die Geschichte erzählt von Ender, der im Park Kastanien sammeln möchte und von zwei Kindern verjagt wird.

2. Bestimme die Erzählweise, indem du Zutreffendes ankreuzt.

- [ ] Ich-Erzähler
- [ ] Er-/Sie-Erzähler

- [ ] Innensicht
- [ ] Außensicht

- [ ] Erzähltempus: Präsens
- [ ] Erzähltempus: Präteritum

3. Paul hat eine kurze Fortsetzung zu dem Text „Deutsche Kastanien" geschrieben. Lies die Fortsetzung und kreuze an, welche Fehler er gemacht hat.

> Ich bin etwas überrumpelt und denke kurz nach. Dann sage ich: „Was machst du dir darüber Gedanken, Ender? Es ist egal, ob du Deutscher oder Türke bist. Du bist beides. Du bist Ender." Da lacht mein Sohn. Wir beschließen, rauszugehen und ein bisschen Fußball zu spielen.

- [ ] Erzählform nicht eingehalten
- [ ] Thema gewechselt
- [ ] Erzähltempus nicht eingehalten
- [ ] Erzählverhalten nicht eingehalten
- [ ] Inhaltliche Vorgaben verändert

4. Nachdem Ender weggegangen ist, fängt Stefan an nachzudenken. Kreuze jeweils an, welche der beiden Formulierungen für einen inneren Monolog geeignet ist.

- [ ] Stefan bereute sofort, was er gesagt hatte.
- [ ] Bin ich blöd! Warum habe ich das nur gesagt!

- [ ] Ich fragte mich, ob Ender mir verzeihen würde.
- [ ] Bestimmt verzeiht er mir das nie!

- [ ] Ich könnte heulen, so mies fühle ich mich.
- [ ] Stefan fühlt sich sehr schlecht.

- [ ] Ich weiß nicht: Soll ich mich bei ihm entschuldigen?
- [ ] Ich überlegte, ob ich mich bei Ender entschuldigen sollte.

Erzählende Texte untersuchen

Kurzgeschichten untersuchen

Schülerbuch S. 88 ■ Kurzgeschichten

Kurzgeschichten sind kürzere Erzählungen, die eine **außergewöhnliche Situation** darstellen.
Mithilfe der folgenden Fragen kannst du eine Kurzgeschichte erschließen.

Was wird erzählt?
Ein schicksalhafter Ausschnitt aus dem Leben einer Figur als Momentaufnahme

Wer steht im Mittelpunkt?
Wenige Figuren, die durch bestimmte Merkmale und Verhaltensweisen charakterisiert werden

Wie wird erzählt?
- meist ohne Einleitung und mit offenem Schluss
- geradlinige, knappe und sparsame Erzählweise
- häufig überraschende Wendung am Ende

Federica de Cesco: Spaghetti für zwei (1986)

Heinz war bald vierzehn und fühlte sich sehr cool. In der Klasse und auf dem
Fußballfeld hatte er das Sagen. […] Im Unterricht machte er gerne auf Verweigerung. Die Lehrer sollten bloß nicht auf den Gedanken kommen, dass
er sich anstrengte. Mittags konnte er nicht nach Hause, weil der eine Bus zu
5 früh, der andere zu spät abfuhr. So aß er im Selbstbedienungsrestaurant, gleich
gegenüber der Schule. […] Viel Geld wollte Heinz nicht ausgeben. „Italieni-
sche Gemüsesuppe" stand im Menü. Ein schwitzendes Fräulein schöpfte die
Suppe aus einem dampfenden Topf. […] Heinz nickte zufrieden. Der Teller
war ganz ordentlich voll. Eine Schnitte Brot dazu und er würde bestimmt
10 satt. Er setzte sich an einen freien Tisch. […] Da merkte er, dass er den Löffel
vergessen hatte. Heinz stand auf und holte sich einen. Als er zu seinem Tisch
zurückstapfte, traute er seinen Augen nicht: Ein Schwarzer saß an seinem
Platz und aß seelenruhig seine Gemüsesuppe!
Heinz stand mit seinem Löffel fassungslos da, bis ihn die Wut packte. Zum
15 Teufel mit diesen Asylbewerbern! Der kam irgendwo aus Uagadugu. Wollte
sich in der Schweiz breitmachen, und jetzt fiel ihm nichts Besseres ein, als
ausgerechnet seine Gemüsesuppe zu verzehren! […] Heinz öffnete den
Mund, um den Menschen lautstark seine Meinung zu sagen, als ihm auffiel,
dass die Leute ihn komisch ansahen. Heinz wurde rot. Er wollte nicht als
20 Rassist gelten. Aber was nun?
Plötzlich fasste er einen Entschluss. Er […] zog einen Stuhl zurück und setzte
sich dem Schwarzen gegenüber. Dieser hob den Kopf, blickte ihn kurz an
und schlürfte ungestört die Suppe weiter. Heinz presste die Zähne zusammen, dass seine Kinnbacken schmerzten. Dann packte er energisch den Löf-
25 fel, beugte sich über den Tisch und tauchte ihn in die Suppe. Der Schwarze
hob abermals den Kopf. So starrten sie sich an. […] Heinz führte mit leicht
zitternder Hand den Löffel zum Mund und tauchte ihn zum zweiten Mal
in die Suppe. Seinen vollen Löffel in der Hand, fuhr der Schwarze fort, ihn

stumm zu betrachten. Dann senkte er die Augen auf seinen Teller und aß
30 weiter. Eine Weile verging. Beide teilten sich die Suppe, ohne dass ein Wort
fiel. Heinz versuchte nachzudenken. „Vielleicht hat der Mensch kein Geld,
muss schon tagelang hungern. […] Vielleicht würde ich mit leerem Magen
ähnlich reagieren? Und Deutsch konnte er anscheinend auch nicht, sonst
würde er da nicht sitzen wie ein Klotz. Ist doch peinlich. Ich an seiner Stelle
35 würde mich schämen. Ob Schwarze wohl rot werden können?" Das leichte
Klirren des Löffels, den der Afrikaner in den leeren Teller legte, ließ Heinz die
Augen heben. Der Schwarze hatte sich zurückgelehnt und sah ihn an. Heinz
konnte seinen Blick nicht deuten. In seiner Verwirrung lehnte er sich ebenfalls zurück. […] Er versuchte, den Schwarzen abzuschätzen. „Junger Kerl.
40 Etwas älter als ich. Vielleicht sechzehn oder sogar schon achtzehn. Normal
angezogen: Jeans, Pulli, Windjacke. Sieht eigentlich nicht wie ein Obdach-
loser aus. Immerhin, der hat meine halbe Suppe aufgegessen und sagte nicht
einmal danke! Verdammt, ich habe noch Hunger!" Der Schwarze stand auf.
Heinz blieb der Mund offen. „Haut der tatsächlich ab? Jetzt ist aber das Maß
45 voll! So eine Frechheit! Der soll mir wenigstens die halbe Gemüsesuppe be-
zahlen!" Er wollte aufspringen und Krach schlagen. Da sah er, wie sich der
Schwarze mit einem Tablett in der Hand wieder anstellte. Heinz fiel unsanft
auf seinen Stuhl zurück. „Also doch: Der Mensch hat Geld! Aber bildet der
sich vielleicht ein, dass ich ihm den zweiten Gang bezahle?" Heinz griff has-
50 tig nach seiner Schulmappe. „Bloß weg von hier, bevor er mich zur Kasse
bittet! Aber nein, sicherlich nicht. Oder doch? Heinz ließ die Mappe los und
kratzte nervös an einem Pickel. Irgendwie wollte er wissen, wie es weiter-
ging. […] Jetzt stand der Schwarze vor der Kasse und – wahrhaftig – er be-
zahlte! Heinz schniefte: „Verrückt!", dachte er. „Total gesponnen!" Da kam
55 der Schwarze zurück. Er trug das Tablett, auf dem ein großer Teller Spaghetti
stand, mit Tomatensoße, vier Fleischbällchen und zwei Gabeln. Immer noch
stumm, setzte er sich Heinz gegenüber, schob den Teller in die Mitte des
Tisches, nahm eine Gabel und begann zu essen. Heinz' Wimpern flatterten.
Dieser Typ forderte ihn tatsächlich auf, die Spaghetti mit ihm zu teilen! Heinz
60 brach der Schweiß aus. Was nun? Sollte er essen? Nicht essen? Seine Gedanken überstürzten sich. Wenn der Mensch doch wenigstens reden würde! „Na
gut. Er aß die Hälfte meiner Suppe, jetzt esse ich die Hälfte seiner Spaghetti,
dann sind wir quitt!" Wütend und beschämt griff Heinz nach der Gabel,
rollte die Spaghetti auf und steckte sie in den Mund. Schweigen. Beide ver-
65 schlangen die Spaghetti. „Eigentlich nett von ihm, dass er mir eine Gabel
brachte", dachte Heinz. „Aber was soll ich jetzt sagen? Danke? Saublöde!
Einen Vorwurf machen kann ich ihm auch nicht mehr. Vielleicht hat er gar
nicht gemerkt, dass er meine Suppe aß. Oder vielleicht ist es üblich in Afrika,

70 sich das Essen zu teilen? Schmecken gut, die Spaghetti. [...] Wenn ich nur nicht so schwitzen würde!" Die Portion war sehr reichlich. Bald hatte Heinz keinen Hunger mehr. Dem Schwarzen ging es ebenso. Er legte die Gabel aufs Tablett und putzte sich mit der Papierserviette den Mund ab. Heinz räusperte sich. [...] Der Schwarze lehnte sich zurück, schob die Daumen in die Jeanstaschen und sah ihn an. Undurchdringlich. Heinz kratzte sich unter dem
75 Rollkragen, bis ihm die Haut schmerzte. „[...] Wenn ich nur wüsste, was er denkt!" Verwirrt, schwitzend und erbost ließ er seine Blicke umherwandern. Plötzlich spürte er ein Kribbeln im Nacken. Ein Schauer jagte ihm über die Wirbelsäule von den Ohren bis ans Gesäß. Auf dem Nebentisch, an den sich bisher niemand gesetzt hatte, stand – einsam auf dem Tablett – ein Teller kal-
80 ter Gemüsesuppe.

Heinz erlebte den peinlichsten Augenblick seines Lebens. Am liebsten hätte er sich in ein Mauseloch verkrochen. Es vergingen zehn volle Sekunden, bis er es endlich wagte, dem Schwarzen ins Gesicht zu sehen. Er saß da, völlig entspannt und cooler, als Heinz es je sein würde, und wippte leicht mit dem
85 Stuhl hin und her. „Äh ...", stammelte Heinz, feuerrot im Gesicht. „Entschuldigen Sie bitte, ich ..." Er sah die Pupillen des Schwarzen aufblitzen. [...] Auf einmal warf dieser den Kopf zurück, brach in dröhnendes Gelächter aus. Zuerst brachte Heinz nur ein verschämtes Glucksen zustande, bis endlich der Bann gebrochen war und er aus vollem Hals in das Gelächter des Afrika-
90 ners einstimmte. Eine Weile saßen sie da, voll Lachen geschüttelt. Dann stand der Schwarze auf, schlug Heinz auf die Schulter. „Ich heiße Marcel", sagte er in bestem Deutsch. „Ich esse jeden Tag hier. Sehe ich dich morgen wieder? Um die gleiche Zeit?" Heinz' Augen tränten, und er schnappte nach Luft. „In Ordnung!" keuchte er. „Aber dann spendiere ich die Spaghetti!"

1. Lies die Kurzgeschichte „Spaghetti für zwei" und beantworte in Stichpunkten folgende W-Fragen.

Wer? _____

Wo? _____

Was (passiert)? _____

_____

Wann? _____

Warum? _____

_____

Wie? _____

2. Unterteile die Geschichte in Abschnitte und formuliere für jeden Abschnitt eine passende Überschrift in der Randspalte.

3. Welche Merkmale einer Kurzgeschichte treffen auf die Geschichte von Federica de Cesco zu? Begründe anhand von Textstellen.

_____

_____

_____
_____
_____
_____
_____
_____

4. Beschreibe in Stichpunkten das Verhalten von Heinz und bewerte es.

_____
_____
_____
_____

5. Suche im Text äußere Anzeichen dafür, dass Heinz nervös ist und schreibe sie auf.

_____
_____
_____
_____

6. Unterstreiche im Text Ausdrücke, die auf die Gefühle von Heinz hinweisen. Erläutere, wie sich seine Gefühle im Verlauf der Geschichte verändern.

_____
_____
_____

7. „Heinz erlebte den peinlichsten Augenblick seines Lebens" (Zeile 81). Erkläre, was damit gemeint ist.

_____
_____
_____

8. Untersuche die Erzählweise der Kurzgeschichte „Spaghetti für zwei". Bestimme dazu die Erzählform, die Erzählperspektive und das Erzählverhalten.

Erzählform: _____

Erzählperspektive: _____

Erzählverhalten: _____

9. 📖 Marcel erzählt am Abend seinem Kumpel, was er beim Mittagessen erlebt hat. Schreibe auf, was er sagt. Arbeite im Heft.

Merkmale von Kalendergeschichten und Anekdoten erkennen

Eine **Kalendergeschichte** ist eine kurze **belehrende Geschichte**, in der Figuren **aus dem täglichen Leben** im Mittelpunkt stehen. Sie wurde früher in Kalendern veröffentlicht.
Eine **Anekdote** ist eine **kurze Geschichte**, die eine **historische Persönlichkeit** in einer bestimmten Situation mit charakteristischen Eigenschaften zeigt. Sie endet oft mit einer Pointe, die darin besteht, dass die Figur sich überraschend verhält oder etwas Schlagfertiges oder Witziges sagt.

Johann Peter Hebel: Das wohlfeile Mittagessen

Es ist ein altes Sprichwort: Wer andern eine Grube gräbt, fällt selber darein. – Aber der Löwenwirt in einem gewissen Städtlein war schon vorher darin. Zu diesem kam ein wohlgekleideter Gast. Kurz und trotzig verlangte er für *sein* Geld eine gute Fleischsuppe.
Hierauf forderte er auch ein Stück Rindfleisch und ein Gemüs, für sein Geld.

5 Der Wirt fragte ganz höflich, ob ihm nicht auch ein Glas Wein beliebe. „O freilich ja", erwiderte der Gast, „wenn ich etwas Gutes haben kann für mein Geld." Nachdem er sich alles wohl hatte schmecken lassen, zog er einen abgeschliffenen Sechser aus der Tasche und sagte: „Hier, Herr Wirt, ist *mein* Geld." Der Wirt sagte: „Was soll das heißen? Seid Ihr mir nicht einen Taler schuldig?" Der Gast erwiderte: „Ich habe für keinen Taler Speise von Euch verlangt, sondern für *mein Geld*. Hier ist

10 *mein Geld*. Mehr hab' ich nicht. Habt Ihr mir zu viel dafür gegeben, so ist's Eure Schuld." – Dieser Einfall war eigentlich nicht weit her. Es gehörte nur Unverschämtheit dazu, und ein unbekümmertes Gemüt, wie es am Ende ablaufen werde. Aber das Beste kommt noch. „Ihr seid ein durchtriebener Schalk", erwiderte der Wirt, „und hättet wohl etwas andres verdient. Aber ich schenke Euch das Mittagessen und hier noch ein Vierundzwanzig-Kreuzerstück dazu. Nur seid stille zur Sache,

15 und geht zu meinem Nachbarn, dem Bärenwirt, und macht es ihm ebenso." –
Das sagte er, weil er mit seinem Nachbarn, dem Bärenwirt, aus Brotneid im Unfrieden lebte, und einer dem andern jeglichen Tort* und Schimpf gerne antat und erwiderte. Aber der schlaue Gast griff lächelnd mit der einen Hand nach

20 dem angebotenen Geld, mit der andern vorsichtig nach der Türe, wünschte dem Wirt einen guten Abend, und sagte: „Bei Eurem Nachbarn, dem Herrn Bärenwirt, bin ich schon gewesen, und eben der hat mich zu Euch geschickt und kein anderer."

25 So waren im Grunde beide hintergangen, und der dritte hatte den Nutzen davon. Aber der listige Kunde hätte sich noch obendrein einen schönen Dank von beiden verdient, wenn sie eine gute Lehre daraus gezogen, und sich

30 miteinander ausgesöhnt hätten. Denn Frieden ernährt, aber Unfrieden verzehrt.

*Tort: etwas Unangenehmes, Ärger, Kränkung

1. Lies die Kalendergeschichte und kreuze an, worum es darin geht.

☐ Die Geschichte handelt von einem skrupellosen Wirt, der versucht, seinen Konkurrenten mithilfe seines Gastes finanziell zu ruinieren.

☐ In der Kalendergeschichte wird erzählt, wie ein Gast zwei verfeindeten Gastwirten zeigen möchte, dass es besser ist, sich zu vertragen.

☐ J. P. Hebel schildert, wie der Bärenwirt den Adlerwirt hereinlegt.

☐ In „Das wohlfeile Mittagessen" geht es um einen listigen Gast, der zweimal billig zu Mittag isst, indem er zwei verfeindete Gastwirte gegeneinander ausspielt.

2. Die Geschichte beginnt mit dem Sprichwort: *„Wer andern eine Grube gräbt, fällt selber darein".* Erkläre, was dieses Sprichwort mit dem Inhalt der Geschichte zu tun hat. Arbeite im Heft.

3. Suche mindestens ein weiteres Sprichwort, das zu der Geschichte passt.

4. Schreibe auf, aus welcher Perspektive die Geschichte erzählt wird.

Johann Peter Hebel: Das Mittagessen im Hof

Man klagt häufig darüber, wie schwer und unmöglich es sei, mit manchen Menschen auszukommen. Das mag denn freilich auch wahr sein. Indessen sind viele von solchen Menschen nicht schlimm, sondern nur wunderlich, und wenn man sie nur immer recht kennte, inwendig und auswendig, und recht mit ihnen umzugehen wüsste, nie zu eigensinnig und nie zu nachgebend,

5 so wäre mancher wohl und leicht zur Besinnung zu bringen. Das ist doch einem Bedienten mit seinem Herrn gelungen. Dem konnte er manchmal gar nichts recht machen, und musste vieles entgelten, woran er unschuldig war, wie es oft geht. So kam einmal der Herr sehr verdrießlich nach Hause, und setzte sich zum Mittagessen. Da war die Suppe zu heiß oder zu kalt, oder keines von beiden; aber genug, der Herr war verdrießlich. Er fasste daher die Schüssel mit dem, was darinnen

10 war, und warf sie durch das offene Fenster in den Hof hinab. Was tat der Diener? Kurz besonnen warf er das Fleisch, welches er eben auf den Tisch stellen wollte, mir nichts, dir nichts, der Suppe nach, auch in den Hof hinab, dann das Brot, dann den Wein, und endlich das Tischtuch mit allem, was noch darauf war, auch in den Hof hinab. „Verwegener, was soll das sein?", fragte der Herr und fuhr mit drohendem Zorn von dem Sessel auf. Aber der Bediente erwiderte kalt und ruhig:

15 „Verzeihen Sie mir, wenn ich Ihre Meinung nicht erraten habe. Ich glaubte nicht anders, als Sie wollten heute in dem Hof speisen. Die Luft ist so heiter, der Himmel so blau, und sehen Sie nur, wie lieblich der Apfelbaum blüht, und wie fröhlich die Bienen ihren Mittag halten!" – Diesmal die Suppe hinabgeworfen, und nimmer! Der Herr erkannte seinen Fehler, heiterte sich im Anblick des schönen Frühlingshimmels auf, lächelte heimlich über den schnellen Einfall seines Aufwärters und

20 dankte ihm im Herzen für die gute Lehre.

5. Nenne mindestens drei Merkmale, die zeigen, dass es sich bei der Geschichte „Das Mittagessen im Hof" um eine Kalendergeschichte handelt. Belege sie mit Textstellen.

_____

_____

_____

6. Formuliere die Lehre der Geschichte mit eigenen Worten. Arbeite im Heft.

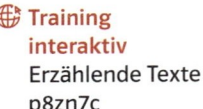
Michaela Seul: Allmorgendlich

Jeden Morgen sah ich sie. Ich glaube, sie fiel mir gleich bei der ersten Fahrt auf. Ich hatte meinen Arbeitsplatz gewechselt und fuhr vom Ersten des Monats an mit dem Bus um 8.11 Uhr. Es war Winter. Jeden Morgen trug sie den kirschroten Mantel, weiße, pelzbesetzte Stiefel, weiße Handschuhe, und ihr langes, dunkelbraunes, glattes Haar war zu einem ungewöhnlichen, aber langwei-
5 ligen Knoten aufgesteckt. Jeden Morgen stieg sie um 8.15 Uhr zu und ging mit hocherhobenem Kopf auf ihren Stammplatz, vorletzte Reihe rechts, zu. Das Wort mürrisch passte gut zu ihr. Sie war mir sofort unsympathisch. So geht es mir oft: Ich sehe fremde Menschen, wechsle kein Wort mit ihnen und fühle Ablehnung und Ärger bei ihrem bloßen Anblick. Ich wusste nicht, was mich an ihr so störte, denn ich fand sie nicht schön; es war also kein Neid.
10 Sie stieg zu, setzte sich auf ihren seltsamerweise immer freien Platz, holte die Zeitung aus ihrer schwarzen Tasche und begann zu lesen. Jeden Morgen ab Seite drei. Nach der dritten Station griff sie erneut in die Tasche und holte – ohne den Blick von der Zeitung zu wenden – zwei belegte Brote hervor. Einmal mit Salami und einmal mit Mettwurst. Lesend aß sie. Sie schmatzte nicht und trotzdem erfüllte mich ihr essender Anblick mit Ekel. Die Brote waren in einem Klarsichtbeutel
15 aufbewahrt, und ich fragte mich oft, ob sie täglich einen neuen Beutel benutzte oder denselben mehrmals verwendete. Ich beobachtete sie ungefähr zwei Wochen, als sie mir gegenüber das erste Mal ihre mürrische Gleichgültigkeit aufgab. Sie musterte mich prüfend. Ich wich ihr nicht aus. Unsere Feindschaft war besiegelt. Am nächsten Morgen setzte ich mich auf ihren Stammplatz. Sie ließ sich nichts anmerken, begann wie immer zu lesen. Die Stullen packte sie allerdings erst nach
20 der sechsten Station aus.
Jeden Morgen vergrämte sie mir den Tag. Gierig starrte ich zu ihr hinüber, saugte jede ihrer mich persönlich beleidigenden, sich Tag für Tag wiederholenden Hantierungen auf, ärgerte mich, weil ich vor ihr aussteigen musste und sie in den Vorteil der Kenntnis meines Arbeitsplatzes brachte. Erst, als sie einige Tage nicht im Bus saß und mich dies beunruhigte, erkannte ich die Notwendigkeit des
25 allmorgendlichen Übels. Ich war erleichtert, als sie wieder erschien, ärgerte mich doppelt über sie, den Haarknoten, der ungewöhnlich und trotzdem langweilig war, den kirschroten Mantel, das griesgrämige Gesicht, die Salami, die Mettwurst und die Zeitung. Es kam so weit, dass sie mir nicht nur während der Busfahrten gegenwärtig war; ich nahm sie mit nach Hause, erzählte meinen Bekannten von ihrem unmäßigen Schmatzen, dem Körpergeruch, der großporigen Haut, dem abstoßenden
30 Gesicht. Herrlich war es mir, mich in meine Wut hineinzusteigern; ich fand immer neue Gründe, warum ihre bloße Gegenwart mich belästigte. Wurde ich belächelt, beschrieb ich ihre knarzende Stimme, die ich nie gehört hatte, ärgerte mich, weil sie die primitivste Boulevardzeitung las und so fort. Man riet mir, einen Bus früher, also um 8.01 Uhr zu fahren, doch das hätte zehn Minuten weniger Schlaf bedeutet. Sie würde mich nicht um meinen wohlverdienten Schlaf bringen!
35 Vorgestern übernachtete meine Freundin Beate bei mir. Zusammen gingen wir zum Bus. SIE stieg wie immer um 8.15 Uhr zu und setzte sich auf ihren Platz. Beate, der ich nie von IHR erzählt hatte, lachte plötzlich, zupfte mich am Ärmel und flüsterte: „Schau mal, die mit dem roten Mantel, die jetzt das Brot isst, also ich kann mir nicht helfen, aber die erinnert mich unheimlich an dich. Wie sie isst und sitzt und wie sie schaut."

1. Lies den Text und beantworte die folgenden Fragen in zusammenhängenden Sätzen: Um welche Textart handelt es sich? Wovon handelt die Geschichte? Welche Erzählform liegt vor? Aus welcher Perspektive wird erzählt? Arbeite im Heft.

2. Setze den Text fort, indem du dir überlegst, wie sich das Gespräch der Freundinnen entwickeln könnte, nachdem sie den Bus verlassen haben. Arbeite im Heft.

1. Was ist eine Kurzgeschichte? Teste dich und kreuze an:

Inhalt und Figuren

☐ Die Handlung von Kurzgeschichten spielt in einer märchenhaften Fantasiewelt.

☐ Der Inhalt stellt einen Ausschnitt aus dem alltäglichen Leben eines Menschen dar.

☐ Die Handlung konzentriert sich auf ein besonderes Ereignis, das für die Figur eine zentrale Bedeutung hat.

☐ In einer Kurzgeschichte wird das ganze Leben der Hauptfigur dargestellt.

☐ Das Geschehen dreht sich häufig um mehr als zwei Hauptfiguren.

☐ Die Figuren sind einfache, normale Menschen.

☐ Die Figuren sind Adlige und reiche Menschen.

☐ Die Hauptfigur ist oft ein „Antiheld".

☐ Der Charakter der Hauptfigur ist außergewöhnlich und heldenhaft.

☐ Die Figuren sind individuelle Charaktere, keine Typen.

☐ Inhaltlich geht es in Kurzgeschichten um Themen, die Jugendliche interessieren.

☐ Die Figuren in einer Kurzgeschichte sind unter achtzehn Jahren.

Form und Sprache

☐ Kurzgeschichten sind maximal ein bis zwei Seiten lang.

☐ Die Geschichten sind ausführlich und können bis zu 100 Seiten lang sein.

☐ Kurzgeschichten sind kurz und knapp.

☐ Häufig haben Kurzgeschichten eine Einleitung.

☐ Das Ende ist in der Regel offen und regt den Leser zum Nach- und Weiterdenken an.

☐ Es gibt mehrere Handlungsstränge.

☐ Der Sprachstil ist einfach.

☐ Der Satzbau einer Kurzgeschichte ist lang und komplex.

☐ Der Autor verwendet Umgangs- und Alltagssprache.

☐ Der Autor verwendet Fachsprache und Schriftsprache.

☐ Wörtliche Rede kommt in einer Kurzgeschichte nicht vor.

☐ Kurzgeschichten sind immer im Präsens verfasst.

2. Es gilt nur jeder 2. Buchstabe! Entziffere das Zitat und erkläre dann mit eigenen Worten, was damit gemeint ist.

„zEoicnpe oKhugrszhgxekszclhlixcxhitse Gikset desimnce xGseesgcshbifcchktze, dahn Edcenr lmsajn kslezhcr Zltaznzgne nadrbbtesirtlegn pmhulsjs, jbdijs ishise fkousrhz biAsnt." (Vicente Aleixandre)

Balladen untersuchen

Schülerbuch S.124 ■ Balladen

Eine **Ballade** erzählt eine dramatische Begebenheit in Gedichtform. Sie enthält Elemente aus allen drei literarischen Gattungen.
- **Epik**: Ein **Erzähler** erzählt eine **spannende Geschichte**, er kann das Geschehen auch bewerten.
- **Dramatik**: Grundlage ist ein **Konflikt** oder ein aufregendes Geschehen. Oft sprechen die Figuren in **wörtlicher Rede**.
- **Lyrik**: Balladen sind in **Verse**, oft auch **Strophen** gegliedert, haben meist **Reime** und ein bestimmtes **Metrum**.

Otto Ernst: Nis Randers

Krachen und Heulen und berstende Nacht,
Dunkel und Flammen in rasender Jagd –
Ein Schrei durch die Brandung!

Und brennt der Himmel, so sieht man's gut:
5 Ein Wrack auf der Sandbank! Noch wiegt es die Flut;
Gleich holt sich's der Abgrund.

Nis Randers lugt – und ohne Hast
Spricht er: „Da hängt noch ein Mann im Mast;
Wir müssen ihn holen."

10 Da fasst ihn die Mutter: „Du steigst mir nicht ein!
Dich will ich behalten, du bliebst mir allein,
Ich will's, deine Mutter!

Dein Vater ging unter und Momme, mein Sohn;
Drei Jahre verschollen ist Uwe schon,
15 Mein Uwe, mein Uwe!"

Nis tritt auf die Brücke. Die Mutter ihm nach!
Er weist nach dem Wrack und spricht gemach:
„Und seine Mutter?"

Nun springt er ins Boot und mit ihm noch sechs:
Hohes, hartes Friesengewächs; 20
Schon sausen die Ruder.

Boot oben, Boot unten, ein Höllentanz!
Nun muss es zerschmettern …! Nein: es blieb ganz!
Wie lange? Wie lange?

Mit feurigen Geißeln peitscht das Meer 25
Die menschenfressenden Rosse daher;
Sie schnauben und schäumen.

Wie hechelnde Hast sie zusammenzwingt!
Eins auf den Nacken des andern springt
Mit stampfenden Hufen! 30

Drei Wetter zusammen! Nun brennt die Welt!
Was da? – Ein Boot, das landwärts hält –
Sie sind es! Sie kommen! – –

Und Auge und Ohr ins Dunkel gespannt …
Still – ruft da nicht einer? – Er schreit's durch die Hand: 35
„Sagt Mutter, 's ist Uwe!"

1. Entscheide, welche Aussage die Wirkung der Ballade „Nis Randers" besser beschreibt. Begründe deine Wahl.

☐ Die Ballade ist spannend und strahlt Unruhe aus. Das Meer wird als bedrohlich und unbeherrschbar beschrieben und erzeugt dadurch eine angstvolle Stimmung. Dennoch wirkt der Text insgesamt kraft- und hoffnungsvoll.

☐ Die Ballade wirkt auf den Leser traurig, weil die Mutter schon so viele Menschen verloren hat. Die Naturgewalten erscheinen übermächtig, wodurch eine düstere und hoffnungslose Stimmung entsteht.

2. Fasse den Inhalt der Ballade mit eigenen Worten kurz zusammen.

_____

_____

_____

3. Erkläre, welcher Konflikt Nis Randers bewegt. Überlege, ob du seine Entscheidung verstehen kannst.

_____

_____

4. Charakterisiere Nis Randers und seine Mutter mithilfe der Tabelle.

	Eigenschaften	Redeweise	Textbelege
Nis Randers			
Mutter			

5. Zeichne für die Ballade eine Spannungskurve. Gliedere dafür den Text in Sinnabschnitte. Formuliere für jeden Abschnitt eine Überschrift. Orientiere dich an dem Beispiel.

1. Schiffbrüchiger in höchster Not   *2.*

6. In der Ballade sind Textstellen markiert. Beschreibe deren Wirkung. Benenne mithilfe der Kästen die verwendeten sprachlichen Mittel. Fülle die Tabelle aus.

Textstelle	Wirkung	sprachliche Mittel
Vers 1–2	*Leser „hört" und „sieht", was geschieht.*	*Ellipse und Personifikation*
Vers 4		
Vers 5–6		
Vers 15		
Vers 20		
Vers 25–30		
Vers 31		
Vers 33		

Personifikation

Anapher und Ausruf

Metapher, Enjambement, Personifikation, Alliteration und ausdrucksstarke Adjektive und Verben

~~Ellipse und Personifikation~~

Ellipse und Ausruf

Alliteration und Metapher

Metapher

Anapher und Ausruf

7. Beschreibe den äußeren Aufbau der Ballade (Verse, Strophen, Reime, Hebungen).

_____

_____

8. Die Silbenzahl pro Vers und das Metrum sind unregelmäßig. Erkläre, wie der Inhalt dadurch unterstützt wird.

_____

_____

9. Die Verse am Ende jeder Strophe haben je sechs Silben. Eine Ausnahme bildet der letzte Vers der sechsten Strophe. Begründe diese Veränderung mit dem Inhalt.

_____

_____

10. Trage die Ballade „Nis Randers" wirkungsvoll vor.

11. Ergänze zu der Ballade eine letzte Strophe. Wähle dafür aus den Vorgaben aus.

Wertung des Geschehens durch den „Erzähler"

Reaktion der Mutter

Treffen zwischen Mutter und Uwe

Wiederaufnahme der Anfangsstrophe

Gedichte und die Wirkung sprachlicher Mittel untersuchen

Schülerbuch S.134 ■ Gedichte

 Mithilfe bestimmter **sprachlicher Mittel** kann in Gedichten eine besondere Wirkung erzielt werden.
Bei einer **Alliteration** werden die Anfangslaute bei benachbarten Wörtern wiederholt. Damit kann die Bedeutsamkeit und Zusammengehörigkeit dieser Wörter hervorgehoben werden.

Wer weiß wohin

Werden gleiche Wörter in aufeinanderfolgenden Versanfängen wiederholt, so handelt es sich um eine **Anapher**. Dadurch wird die Aufmerksamkeit auf diese Stellen gelenkt.

Wie herrlich …
Wie glänzt …

Ein Vers- oder Zeilensprung wird **Enjambement** genannt. Dabei greift eine Sinneinheit auf den folgenden Vers über. Beim Vortrag zieht man die Verse ohne Pause zusammen.

Legt endlich dann mit vielen süßen
Empfehlungen und besten Grüßen

Max Kruse: Beobachtung

Zarte, feine
klitzekleine
Spuren findest du im Schnee?
Zarte, feine
5 klitzekleine
Spuren – die sind nicht vom Reh!

Diese krickel
krackel Grüße
schrieb ein andrer Gast hierher:
10 Zickel zackel
Vogelfüße –
schau: Dort sind schon keine mehr.

Denn nur eben
fast im Schweben
15 hüpfte, pickte er im Lauf –
und
mit einem Sprunge,
Schwunge
flog er zu den Wolken auf.

1. Begründe, warum es sich bei dem Text „Beobachtung" von Max Kruse um ein Gedicht und nicht um eine Ballade handelt.

_____

_____

2. In dem Gedicht von Max Kruse scheint es einen „Sprecher" zu geben, der sich mit einem „Gegenüber" unterhält. Schreibe das Gedicht in ein Gespräch um und verwende dabei auch Zitate aus dem Gedicht. Vergleiche die Wirkung von Dialog und Gedicht. Arbeite im Heft.

3. Beschreibe den äußeren Aufbau des Gedichts von Max Kruse. Gehe auf Strophenanzahl, Versanzahl, Hebungen pro Vers, Reim und Metrum ein.

_____

_____

_____

4. Überlege, ob die formalen Änderungen in der dritten Strophe mit dem Inhalt zusammenhängen. Begründe.

_____

_____

5. In dem Gedicht „Beobachtung" von Max Kruse finden sich Enjambements und Alliterationen. Markiere im Gedicht diese sprachlichen Mittel mit unterschiedlichen Farben und beschreibe, wie sie die Wirkung des Gedichts unterstützen.

_____

_____

_____

Robert Gernhardt: Mittagsruhe

Ausgestreckt auf breiter Matte,
Wäscheknattern, Wipfelrauschen
Über mir und mir zu Füßen
Weites Land. Zwei Falter tauschen

5 Gaukelnd unverstellte Botschaft,
Und ich spür mit allen Sinnen
Zeit sich sammeln, Zeit sich stauen,
Zeit verströmen, Zeit verrinnen.

6. Schreibe aus dem Gedicht „Mittagsruhe" von Robert Gernhardt die Alliteration heraus und beschreibe, worin die Zusammengehörigkeit der Wörter besteht.

_____

_____

_____

7. Markiere in dem Gedicht alle Wörter, die eine Anapher bilden. Überlege, weshalb die Aufmerksamkeit des Lesers besonders auf diese Verse gelenkt werden soll.

8. Schreibe auf, welche Verse durch ein Enjambement miteinander verbunden sind.

_____

9. 📖 Beschreibe die Wirkung des Gedichts. Arbeite im Heft.

Gottfried August Bürger: Die Schatzgräber

Ein Winzer, _____,

Rief seine Kinder an und sprach:

„_____,

_____." – „An welchem Platz?" –

5 Schrie alles laut den Vater an.

„Grabt nur!" – _____

_____,

_____.

Mit Hacke, Karst und Spaten ward

10 Der Weinberg um und um gescharrt.

Da war kein Kloß, der ruhig blieb;

Man warf die Erde gar durchs Sieb

Und zog die Harken kreuz und quer

_____

15 Allein da ward kein Schatz verspürt,

_____.

_____,

So nahm man mit Erstaunen wahr,

Dass jede Rebe dreifach trug.

20 _____

Sie gruben nun jahrein, jahraus

Des Schatzes immer mehr heraus.

> Kaum war der Alte beigeschafft,
> so grub man nach aus Leibeskraft.

> der am Tode lag

> Da wurden erst die Söhne klug

> und jeder hielt sich angeführt

> Doch kaum erschien das nächste Jahr,

> In unserm Weinberg liegt ein Schatz,
> grabt nur danach!

> nach jedem Steinchen hin und her

> O weh! da starb der Mann.

1. Ergänze in der Ballade „Die Schatzgräber" die fehlenden Verse mithilfe der Vorgaben aus den Kästen.
Orientiere dich an der Handlung und am Reimschema.

2. Notiere alle Merkmale, die dieses Gedicht zu einer Ballade machen.

_____

3. 📑 Erkläre, warum sich der Ausspruch des Vaters bewahrheitet hat. Arbeite im Heft.

○ **EXTRA: Üben**

Die Wiedergabe der wörtlichen Rede

In der Ballade „Das verhexte Telefon" von Erich Kästner wird ein Mädchen beschrieben, das sieben Kinder zu Besuch bekommt. Kaum ist ihre Mutter aus der Tür, haben die Mädchen nur Blödsinn im Kopf: Sie veralbern am Telefon den Bürgermeister, den Finanzminister, den Stadtbankdirektor, den Opernintendanten und auch den Klassenlehrer. Dieser erkennt am Telefon seine Schülerin, und die Kinder machen sich Sorgen, dass es am nächsten Tag Ärger gibt. Doch zum Glück möchte der Lehrer nur die Hausaufgaben sehen.

Auszug 1

Dann hob sie den Hörer runter,
Gab die Nummer an und sprach:
„Ist dort der Herr Bürgermeister?
Ja? Das freut mich. Guten Tag!

5 Hier ist Störungsstelle Westen.
Ihre Leitung scheint gestört.
Und da wäre es am besten,
Wenn man Sie mal sprechen hört.

Klingt ganz gut … Vor allen Dingen
10 Bittet unsere Stelle Sie,
Prüfungshalber was zu singen.
Irgendeine Melodie."

Auszug 2

„Exzellenz, hier Störungsstelle.
Sagen Sie doch dreimal ‚Schrank'.
Etwas lauter, Herr Minister!
Tschuldigung und besten Dank."

1. Ein Schüler hat die wörtliche Rede in Auszug 2 wiedergegeben. Lies seinen Text und ergänze in der Tabelle die fehlenden Verbformen.

Hier sei die Störungsstelle, sagt das Kind und fordert den Minister auf, dreimal ‚Schrank' zu sagen. Er solle etwas lauter sprechen, verlangt die Anruferin. Dann entschuldigt sie sich für den Anruf und bedankt sich für die Mitarbeit des Ministers.

Konjunktiv I	Stammform	3. Person Singular Indikativ
sie _____	sein	sie _____
er _____	_____	er soll _____

2. Bilde zu den gelb markierten Verben in Auszug 1 die Formen des Konjunktiv I.

1 Das Mädchen erkundigt sich, ob dort der Bürgermeister _____ .

2 Als das der Fall ist, sagt sie, dass sie das _____ .

3 Die Leitung des Bürgermeisters _____ gestört.

4 Es sei gut, wenn man ihn mal sprechen _____ .

5 Es _____ ganz gut.

3. Die grün markierten Satzteile der Sätze 1 und 2 in Aufgabe 2 leiten die indirekte Rede ein. Ergänze eine solche Einleitung für die restlichen Sätze. Nutze den gelben Kasten.

3 _____

4 _____

5 _____

4. 📰 Schreibe nun die gesamte Inhaltsangabe für die drei Strophen des Auszuges 1 unter Verwendung der indirekten Rede. Arbeite im Heft.

Beschreibung der Wirkung eines Gedichts

Robert Gernhardt: Sturmskizze

Bewegter Abend. Fledermaus
reißt wild ihr Zickzack in das Grau.
Die Feige beugt sich. Weinblatt zerrt.
Des Oleanders Schauer-Schau
5 wirkt kindlich vor dem Scherenschnitt
kopfschüttelnder Zypressen.

Belebter Abend. Trockenblatt
tickt seine Tonspur in die Nacht.
Wein raschelt, Feige ratscht, es rauscht
10 der Oleander. Doch mit Macht
tönt über allem der Protest
aufbrausender Zypressen.

5. Markiere im Kasten alle Wörter, die zur Wirkung des Gedichts „Sturmskizze" von R. Gernhardt passen, und wähle die treffendsten aus.

Das Gedicht wirkt/erscheint auf den ersten Blick _____ .

Das Gedicht hinterlässt/erzeugt eine _____ Stimmung/Wirkung.

Im Gedicht wird eine _____ Stimmung/Wirkung hervorgerufen.

Das Gedicht hinterlässt nach dem ersten Lesen ein Gefühl/den Eindruck von _____ .

Das Gedicht strahlt _____ aus.

Es entsteht der Eindruck von _____ .

ruhig   beschwingt   leicht   schwebend   sanft   fröhlich   verträumt
ausgeglichen   laut   leise   beschaulich   traurig
bedrohlich   bedrückend   angenehm   heiter   schnell   mitreißend
kraftvoll   beängstigend   entspannend   wild   unruhig   gehetzt
Unruhe   Ruhe   Trauer   Angst   Bedrohung   Leichtigkeit   Unbeschwertheit
Ausgeglichenheit   Schnelligkeit   Bewegtheit/Bewegung   Melancholie   Starre

Modus verwenden, Wortarten unterscheiden

🔵 Mit dem Konjunktiv II Möglichkeiten und Wünsche ausdrücken

Schülerbuch S.178 ■ Konjunktiv II

Durch den **Modus** kann man ausdrücken, wie man etwas sieht oder betrachtet und wie der Adressat die Aussage wahrnehmen soll.

Durch den **Indikativ** wird etwas als tatsächlich oder **wirklich** dargestellt (Wirklichkeitsform). Den **Konjunktiv II** verwendet man, wenn man eine Aussage als **nicht wirklich**, sondern als **möglich** oder **wünschenswert** darstellen will (Möglichkeitsform).

Zahlreiche Besucher <u>kommen</u> zu der Aufführung zu spät. (Verbform im Indikativ)

Es <u>wäre</u> großartig, wenn einmal alle Besucher pünktlich <u>kämen</u>. (Verbform im Konjunktiv II)

Der Konjunktiv II wird mit dem Wortstamm der **Präteritumform** des Verbs und der **Personalendung des Konjunktivs** gebildet, z.B. ***sagt**-e*, ***such**-est*

Bei starken Verben wird der Stammvokal zum Umlaut.

lag/l<u>ä</u>g-e, hatte/h<u>ä</u>tt-e

Wenn die Formen des Konjunktivs II sich nicht vom Präteritum Indikativ unterscheiden (zum Beispiel *rettete*) oder veraltet sind (zum Beispiel *dächte*), kann man eine **Umschreibung** mit einer **Form von würden** und dem Infinitiv verwenden, zum Beispiel *er würde retten* oder *sie würde denken*.

> *Brieftauben sind zu langsam. Träfen Nachrichten bei den Zeitungen schneller ein, wären die Menschen besser informiert. Ich wüsste eine Lösung. Übertrüge man wichtige Meldungen per Telegraf an eine Nachrichtenzentrale, könnte man sie direkt drucken.*

> *Wenn es doch nur eine Möglichkeit gäbe, schreiben und lesen zu können. Wenn es gelänge, eine Schrift zu erfinden, die man ertasten könnte, wäre das ein großer Durchbruch. Ich läse so gerne Bücher und würde sofort Briefe in alle Welt senden.*

Paul Julius Reuter, Gründer der Nachrichtenagentur Reuters (1851)

Louis Braille, erblindete im Kindesalter, erfand als 16-Jähriger die Blindenschrift (1825)

Geschichten lesen ist eine Sache, Auguste. Ich fände es spannender, wenn ich sie in Bildern vorgeführt bekäme. Eine zum Leben erweckte Geschichte würde ich mir sehr gerne anschauen.

Ginge ich jeden Tag in die Oper, hätte ich bald kein Geld mehr für das tägliche Leben. Ich würde gerne die Musik nach Hause holen. Ich fände das wesentlich angenehmer und ich würde auch deutlich preiswerter Musik genießen.

Die Brüder Auguste und Louis Jean Lumière, Erfinder des ersten Filmvorführgerätes (1895)

Emil Berliner, Erfinder von Grammophon und Schallplatte (1887)

1. Im 19. Jahrhundert waren diese Menschen entscheidende Wegbereiter für neue Medien. Ihre Visionen und Wünsche sind in den Sprechblasen formuliert. Unterstreiche die Konjunktiv II-Formen.

2. Übernimm die folgende Tabelle und bilde zu den Konjunktiv II-Formen aus den Sprechblasen das Präteritum im Indikativ und den Infinitiv. Orientiere dich an dem Beispiel. Arbeite im Heft.

Konjunktiv II-Form	Präteritum	Infinitiv
sie träfen ein	*sie trafen ein*	*eintreffen*
…	*sie waren*	…
…	…	*wissen*
…	…	…

3. Erläutere, warum einige Konjunktiv II-Formen in den Sprechblasen durch Umschreibungen mit *würde* ausgedrückt werden.

_____

_____

_____

_____

Die digitale Schule der Zukunft

Stell dir mal vor, in deiner Schule _gäbe_ (geben) es gar keine Tafeln und Kreide mehr. Stattdessen

_____ (sitzen) alle Schüler an einem Arbeitsplatz mit Laptop. Von deinem Lehrer

_____ (bekommen) du dein persönliches Arbeitsprogramm auf den PC gespielt, das

du in der Stunde erarbeiten _____ (müssen). Der Lehrer _____ (stehen)

dir nur noch als persönlicher Berater zur Verfügung, der bei Verständnisschwierigkeiten oder

technischen Problemen an deine Seite _____ (eilen). Während des Unterrichts

_____ (können) es auch einen Ideenaustausch mit den Klassenkameraden geben,

denn du _____ (sein) mit den PCs der Klassenkameraden vernetzt. Ausgestattet mit

Webcam, Headset und einem Live Messenger Programm _____ (werden) du pro-

blemlos Kontakte zu ausländischen Schülern aufnehmen können und im Livegespräch deine Fremd-

sprachenkenntnisse erproben. An den Wänden deines Klassenraums _____ (hängen)

elektronische Tafeln, sogenannte Whiteboards, die über den Computer gespeist

_____ (werden). Hiermit _____ (haben) deine Lehrer die Möglichkeit,

anschauliche Diagramme vorzustellen statt umständlich angefertigter Tafelskizzen. Du

_____ (brauchen) die Informationen auch nicht mehr abschreiben, denn das

Diagramm _____ (kommen) auf elektronischem Wege auf deinen Rechner nach

Hause. Selbst Unterrichtsausfall _____ (finden) nicht mehr statt, denn dein Lehrer

_____ (können) dir sämtliches Lernmaterial über Email auf den PC in der Schule

schicken.

4. Lies den Text und trage in die Textlücken die richtigen Konjunktiv II-Formen ein. Nutze die Vorgaben in Klammern. Orientiere dich an dem Beispiel.

5. Wie fändest du die Vorstellung einer digitalen Schule? – Formuliere eine Antwort mit Begründungen im Konjunktiv II. Benutze dazu die vorgegebenen Satzanfänge.

Ich fände die digitale Schule ...

Darüber hinaus ...

Außerdem ...

 ## Den Imperativ bilden und verwenden

Schülerbuch S. 181 ■ Imperativ

Der **Imperativ** (die Befehlsform) drückt eine **direkte Aufforderung** aus, z. B. eine Bitte oder ein Verbot. Der Imperativ kann **nur im Präsens** gebildet werden. Die **2. Person Singular** wird mit dem **Präsensstamm des Verbs** und der **Endung -e** gebildet *(Höre zu!)*. Das **-e** kann aber auch weggelassen werden *(Hör zu!)*. Verben, die im Präsens zwischen dem Stammvokal *e* und *i* wechseln, übernehmen im Imperativ Singular den Stamm mit *i: ich esse – du isst – Iss!*
In der 2. Person **Plural** wird die Endung **-t** angehängt *(Hört zu!)*. Im Plural lautet der Imperativ mit der Indikativ Präsensform gleich: *ihr hört zu – hört zu!*

1. Unterstreiche alle Imperativformen.

An alle Eltern: Probiert PC-Spiele selbst aus

Bereits seit zwei Stunden sitzt der 13-jährige Schüler an seinem PC und fährt ein Formel-1-Rennen nach dem anderen. „Gib Gas! Kratz die Kurve!", schallt es aus dem Raum. Im Nachbarzimmer baut die ältere Schwester auf ihrem Laptop eine virtuelle Welt auf, in der sich ein muskelbepackter, erotischer Vampir in das bildschöne, sanfte Mädchen von nebenan verliebt und ihr zuflüstert: „Komm, lass uns fliehen!". – Szenen, so Diplom-Pädagogin Margot Ehlers, wie sie in vielen Familien täglich vorkommen. Die Gefahr dabei sei, dass die Jugendlichen die Computerwelten der tatsächlichen Wirklichkeit zunehmend vorziehen würden und ihren Alltag schließlich nicht mehr bewältigen könnten. Ehlers Plädoyer an die Eltern lautet deshalb: Überlasst eure Kinder nicht alleine dem PC. Kontrolliert die Zeit, die sie dort unbeobachtet verbringen. Sprecht mit ihnen über ihre Wünsche und Träume. Vor allem: Schaut euch ihre Spiele an.

2. Stell dir vor, einer deiner Freunde verbringt täglich mehrere Stunden an seinem Computer und spielt Spiele. Du machst dir Sorgen. Formuliere Tipps für ihn, indem du Imperativformen verwendest. Nutze die Vorgaben.

> bei Langeweile einen Freund anrufen

> Sport treiben

> ein Zeitlimit am Computer setzen

> sich bewusst mit anderen verabreden

> neue Hobbys ausprobieren

> eine Beratungsstelle aufsuchen

> den Computer in einem anderen Zimmer unterbringen

> klare Regeln mit Eltern vereinbaren

_____

_____

_____

_____

_____

 ## Mit dem Konjunktiv I Äußerungen anderer wiedergeben

> Schülerbuch S. 182 ■ **Konjunktiv I**

Die **indirekte Rede** ist eine Form der Redewiedergabe. Man gibt wieder, was ein anderer gesagt hat.
Die Verben stehen in der indirekten Rede meistens im **Konjunktiv I**.
Der Konjunktiv I wird mit dem **Wortstamm des Verbs** und den **Personalendungen des Konjunktivs** gebildet.

> sagen → er sag-e, können → ich könn-e, haben → sie hab-e, Aber: sein → er sei

Wenn die Form des Konjunktivs I mit der des Präsens Indikativ identisch ist, wird häufig als **Ersatzform** der Konjunktiv II oder die Umschreibung mit _würde_ und Infinitiv verwendet.

> Peter sagte: „Ihr wisst nicht alles!" – Er sagte über uns, wir wissen nicht alles.

Ersatzform:

> Er sagte über uns, wir wüssten nicht alles bzw.
> Er sagte über uns, wir würden nicht alles wissen.

Je nachdem, in welchem Tempus die direkte Rede verwendet wird, gebraucht man im Konjunktiv I **verschiedene Tempusformen**. Für die Vergangenheit gibt es im Konjunktiv I nur eine Form.
Gegenwart: _Er wisse nicht alles._
Vergangenheit: _Er habe nicht alles gewusst._
Zukunft: _Er werde nicht alles wissen._

Lehrerin Sigrid Olde (53): Wenn ich mich nachmittags mit meinen Freunden treffen wollte, verabredeten wir uns vormittags in der Schule und alles war klar. Am Nachmittag amüsierten wir uns dann miteinander und tauschten alles Wissenswerte aus. In Zeiten sozialer Netzwerke musste ich umdenken lernen. Vor einiger Zeit erklärten mir meine Schüler nämlich, ich könne keine
5 Hausaufgaben von ihnen erwarten, wenn ich sie nicht bei Facebook einstellen würde. Freunde deshalb anzurufen, sei wirklich zu umständlich. Sie rieten mir, ich solle mich registrieren lassen. Dann meinten sie, ich müsse an alle Klassenmitglieder Freundschaftsanfragen verschicken. Sie erläuterten,

dass sie nur als meine Freunde die Hausaufgaben auf meiner Seite einsehen könnten. Da ich natürlich auf Hausaufgaben Wert lege, meldete ich mich an und verschickte achtundzwanzig Freund-
10 schaftsanfragen. Es war erstaunlich: Niemand vergaß in den nächsten Wochen die Hausaufgaben.
Aber noch erstaunlicher war, dass auf einmal sämtliche Klassenmitglieder über mein Privatleben
Bescheid wussten. So fragte Lotte, ob denn mein kleiner Hund endlich stubenrein sei. Oder Tim
kommentierte montags, die Party am Wochenende habe mich wohl geschafft. Ich sähe ziemlich
müde aus. Noch dreister fand ich, als Hannes meinte, meine Tochter sei ein echt heißer Feger. Er
15 habe das Urlaubsfoto aus Frankreich gesehen. Langsam dämmerte es mir: Facebook! Natürlich war
der Kreis meiner Facebook-Feunde auch um private Bekannte und Verwandte bereichert worden.
Und natürlich hatte ich auch mit ihnen gechattet, Bilder ins Netz gestellt und Kommentare ver-
sandt. So mal eben im Rundumschlag das Neueste von mir den Menschen mitzuteilen, die mir
privat wichtig waren, fand ich ja gar nicht schlecht. Ich musste also feststellen, Freunde in einem
20 sozialen Netzwerk sind nicht gleich Freunde. Ein junger Kollege verriet mir, ich müsse unterschiedliche Gruppen definieren wie Bekannte, enge Freude, Verwandte und so weiter. Dann könne
ich steuern, wer Zugriff auf welche Informationen bekommt. Das schien mir reichlich kompliziert
und ich hatte weder Zeit noch Lust dazu. Also löschte ich meinen Account wieder. Seither stelle
ich fest, dass ich auch ohne Facebook nicht schlecht lebe und die Hausaufgaben trotzdem gemacht
25 werden.

1. Die Lehrerin Frau Olde erhält viele Ratschläge und Hinweise. Markiere alle Sätze in indirekter Rede.

2. Unterstreiche bei den markierten Sätzen jeweils die Einleitungssätze und liste die dort verwendeten
Verben auf. Orientiere dich an dem Beispiel.

erklärten, _____

_____

_____

_____

3. In zwei Fällen wurde im Text der Konjunktiv II zur Redewiedergabe verwendet. Kreise die Formen ein und
begründe ihre Verwendung.

_____

_____

4. 📰 Welche Meinungen und Einsichten lässt die Lehrerin im Text erkennen? Formuliere mindestens fünf
Sätze in indirekter Rede. Du kannst dazu die Formulierungshilfen nutzen. Orientiere dich an dem Beispiel.
Arbeite im Heft.

> Die Lehrerin ist der Meinung, …

> Die Lehrerin ist der Auffassung, …

> Sie vertritt die Ansicht, …

> Sie macht klar, …

> Sie gibt zu bedenken, …

> Sie erklärt, …

> Sie stellt fest, …

> Sie betont, …

Die Lehrerin ist der Meinung, man müsse in Zeiten sozialer Netzwerke umdenken lernen.

Handyverbot in der Schule? – Podiumsdiskussion in der Aula des Gutenberg-Gymnasiums

Frau Dr. Kessler: „Handys stören im Unterricht und lenken durch das Versenden von SMS im hohen Maße vom Unterrichtsgeschehen ab."

Kamil: „Ich will im Notfall in der Lage sein, meine Eltern anrufen zu können. Man kann ja auch mal den Bus verpasst haben."

Bens Vater: „Es ist geradezu lächerlich und unzeitgemäß, die Handys verbieten zu wollen. Die benutzen sie trotz eines Verbots."

Gesines Mutter: „Wir sollten nicht vergessen, wie gesundheitsschädlich die Strahlung der Mobiltelefone ist. Eine solche Gefahr hat in der Schule nichts zu suchen."

Referendarin: „Ich finde Handys im Fremdsprachenunterricht einfach klasse. Ich lasse lieber Vokabeln über Apps nachschlagen, als schwere Lexika in die Klasse zu schleppen."

Schulleitung: „Handys dürfen zur Schule mitgebracht werden, im Schulgebäude und dem Schulgelände müssen sie aber ausgeschaltet sein. Im Notfall ist das Handy dann ja verfügbar."

Linda: „Man muss immer damit rechnen, dass man im Unterricht gefilmt oder fotografiert wird. Es gibt immer irgendwelche Spaßvögel, die die Aufnahmen später ins Netz stellen."

Thüringer Tagesanzeiger – Handys in der Schule: Hopp oder top?

Bei der gestrigen Podiumsdiskussion mit Eltern, Lehrern und Schülern in der Aula des Gutenberg-Gymnasium drehte sich alles um die Frage, ob auch zukünftig Handys in der Schule erlaubt sein sollten. Ein vielfältiges Meinungsbild präsentierte sich.

So brachten die Gegner von Handys in der Schule vor, diese _____ im Unterricht und _____ durch das Versenden von SMS in hohem Maße vom Unterricht ab. Außerdem _____ man nicht vergessen, wie gesundheitsschädlich die Strahlung der Mobiltelefone _____. Eine solche Gefahr _____ in der Schule nichts zu suchen. Eine Schülerin machte zudem darauf aufmerksam, dass man immer damit rechnen _____, im Unterricht gefilmt oder fotografiert zu werden. Es _____ immer irgendwelche Spaßvögel, die solche Aufnahmen nachher ins Netz _____. Mit solchen Argumenten wollte sich die Gegenseite jedoch nicht zufrieden geben. Ein Vater sagte, es _____ geradezu lächerlich und unzeitgemäß, Handys verbieten zu wollen. Die Kinder _____ sie trotz eines Verbots benutzen. Dem fügte ein Schüler hinzu, er _____ im Notfall in der Lage sein, seine Eltern anzurufen. Man _____ ja auch mal den Bus verpasst haben. Eine Referendarin meinte, sie _____ Handys vor allem im Fremdsprachenunterricht einfach klasse. Sie _____ lieber Vokabeln über Apps nachschlagen lassen, als schwere Lexika in die Klasse zu schleppen. Abschließend wurde die Handy-Frage am Gutenberg-Gymnasium so geklärt, dass Handys zwar zur Schule mitgebracht werden _____, aber im Schulgebäude und auf dem Schulgelände ausgeschaltet sein _____. Im Notfall _____ das Handy dann ja verfügbar.

5. In dem Zeitungsbericht sollen die verschiedenen Argumente der Podiumsdiskussion am Gutenberg-Gymnasium wiedergegeben werden. Fülle die Lücken richtig aus. Verwende den Konjunktiv I, II oder eine Umschreibung mit *würde*.

 ## Präpositionen und Konjunktionen anwenden

Schülerbuch S.186 ■ Präpositionen, Konjunktionen

Präpositionen und Konjunktionen gehören zu den Wörtern, die im Satz nicht verändert werden. Sie sind **unflektierbar**.

Präpositionen wie *ab, auf, bei, gegen, hinter, infolge, mit, ohne, seit, trotz, über, unter, während, wegen* und *zwischen* bezeichnen im Satz Beziehungen zwischen Personen, Dingen und Erscheinungen. Substantive oder Pronomen, die auf Präpositionen folgen, stehen im Dativ, Akkusativ oder Genitiv.

> *Ich sitze **an** dem Computer.* (Dativ) *Du blickst **auf** den Computer.* (Akkusativ)
> *Er fragt **wegen** des Computers.* (Genitiv)

Mit **Konjunktionen** wie *aber, doch, denn, sondern* oder *und, oder, dass, weil, da, als, wenn nachdem* und *obwohl* kannst du gedankliche Zusammenhänge herstellen. Du kannst damit Wörter, Wortgruppen oder Sätze verbinden.

> *Viele Kinder benutzen heute Handys **und** Computer, **weil** sie keine Informationen verpassen möchten.*

In fast allen Gesundheitsbereichen kann die Situation von Menschen mit einer Behinderung oder körperlichen Einschränkung durch computergesteuerte Geräte verbessert werden. Sie helfen Sehbehinderten, ersetzen Gliedmaßen, unterstützen Organe und können sogar Körperkraft verstärken. Doch dazu sind nicht nur moderne Computer erforderlich, sondern auch stabile, leichte Materialien sowie in vielen Fällen auch äußerst präzise und zuverlässige Motoren. Forscher zweier Forschungsgebiete arbeiten hier Hand in Hand. Die Bioniker befassen sich mit der Einpflanzung von computergesteuerten Geräten in den Körper, die Robotiker entwickeln mechanische Versorgungshilfen dank derer pflegebedürftige Menschen Hilfe erhalten.

1. Lies den Text und bestimme die Wortarten der markierten Wörter. Ordne sie richtig zu.

Präpositionen: _____

_____

Konjunktionen: _____

_____

2. In dem folgenden Text wurden die Präpositionen vertauscht. Unterstreiche alle Präpositionen.

Bei Sören Wolf ist seit seiner Geburt nur der linke Arm in der Hand vollständig ausgeprägt, sein rechter Arm endet von einem Unterarmstumpf. Auf verschiedener Handprothesen war Sören lange unzufrieden. Die herkömmlichen Greifhilfen brachten es mit der Motoren und Antriebselemente über ein erhebliches Gewicht trotz einem Kilo. Heute, aus 18, lobt er seine neue Arm- und Handprothese unter den grünen Klee. Wegen der hautähnlichen Plastikhülle befindet sich eine leichte, elektrisch betriebene Prothese, die mit Impulse, die Nerven durch seinem Oberarm senden, gesteuert wird.

3. Berichtige den oben stehenden Text, indem du die Präpositionen wieder an die richtige Stelle setzt. Arbeite im Heft.

Der weltbekannte Astrophysiker Stephen Hawking wurde am 08. Januar 2012 siebzig Jahre alt. Niemand hatte damit gerechnet. Im Alter von einundzwanzig Jahren diagnostizierten die Ärzte eine unheilbare Erkrankung des zentralen Nervensystems bei ihm. ☆ Seine Überlebenschancen waren schlecht. Sein Leiden würde zu einem völligen Rückgang sämtlicher Muskeln in seinem Körper führen. Es würde ihn bald an den Rollstuhl fesseln, hieß es. ☆ 1986 erkrankte er an einer Lungenentzündung. Er bekam einen Luftröhrenschnitt. ☆ Er verlor dadurch seine Sprechfähigkeit. Er benutzt heute einen Computer. Er kann sich darüber mitteilen. ☆ Hawking bewegt seine Augen. Er kann einen Sprachsynthesizer ansteuern. Dieser wandelt elektrische Impulse in eine künstliche Stimme um.

obwohl, denn   weil, und   als,   da, sodass   wenn, damit

4. Lies den obigen Text und verbinde immer zwei oder drei Sätze mithilfe von Konjunktionen. Nutze die Vorgaben. Arbeite im Heft.

● Das kannst du jetzt! ☆

In der Computerspielreihe „Tomb Raider", zu Deutsch „Grabräuber", jagt die hübsche und mutige Lara Croft den Schätzen der Vergangenheit hinterher. In einer Episode geht es ihr vor allem um den Nachlass ihres Vaters. Sie sucht nach zwei Teilen eines Dreiecks, das zusammengesetzt seinem Besitzer die Macht über die Zeit verleiht. Mit Alex West begegnet ihr ein ehemaliger Weggefährte, der sich auf die Seite ihrer Gegner begeben hat und sie von ihrem Vorhaben unter allen Umständen abbringen will.

PC-Spiele wie „Tomb Raider" entführen ihre Spieler in erdachte, sogenannte virtuelle Welten

_____ geben ihnen Aufgaben auf. Die gilt es zu bewältigen, _____ man

Lara Croft am Ende zum Erfolg verhelfen will. Der Spieler gelangt in exotische Länder _____

in unheimliche Klöster, _____ auch in unterirdische Verließe _____ undurch-

dringbare Dschungel. _____ man durch die unterschiedlichen Szenarien geführt wird,

muss man auf verschiedenen Schwierigkeitsebenen, den Levels, Aufgaben lösen. _____ un-

terirdische Räume entdeckt _____ große _____ kleine Schätze gefunden wur-

den, gelangt man auf das letzte Level. _____ dies erreicht ist, gelangt Lara zum Ziel.

1. Vervollständige den Lückentext, indem du die passenden Konjunktionen einträgst. Nutze die Vorgaben.

> während   wenn   und   oder   nachdem
>
> und   sowie   sobald   aber   sowie

2. Markiere in dem Lückentext alle Präpositionen.

3. 📄 Welches Abenteuer würdest du für Lara Croft entwickeln? Schreibe einen kurzen zusammenhängenden Text im Konjunktiv II. Arbeite im Heft.

4. 📄 Computerspiele sind umstritten. An die Hersteller werden verschiedene Forderungen herangetragen. Formuliere mithilfe der Vorgaben Aufforderungssätze mit Imperativformen. Arbeite im Heft.

– gängige Systemanforderungen berücksichtigen
– bezahlbare Spiele herstellen

– keine Gewalt verherrlichen
– lehrreiche Geschichten ausdenken
– nur kurze Spieleinheiten vorgeben

○ **EXTRA: Üben**

Konjunktiv II

Infinitiv	Präteritum	Konjunktiv II – Formen					
		ich	du	er, sie, es	wir	ihr	sie
lesen		läse					
			hießest				
bitten			bäte				
	fing	finge					
					bräuchten		
gelingen							gelängen
	schlug					schlüget	
		spränge					
			wüsstest				
haben				hätte			

1. Vervollständige die Tabelle, indem du alle fehlenden Formen einträgst.

2. 📖 Formuliere mit jedem Verb aus der Tabelle einen Satz im Konjunktiv II. Benutze dabei unterschiedliche Personalpronomen. Arbeite im Heft.

Imperativ

3. Ergänze in den Sätzen die passenden Imperativformen. Nutze die Vorgaben. Orientiere dich an dem Beispiel.

Die Passanten rufen: „ _Haltet_ den Dieb!"

Der große Bruder sagt: „ _____ dich nicht so an!"

Herr Müller befiehlt seinem Hund: „_____, Bello!"

Die Mutter tröstet nach der Mathearbeit: „ _____ die Flinte nicht ins Korn!"

Die Zahnärztin sagt: „ _____ Sie sich zusammen!"

Die Kinder rufen: „ _____ doch mit!"

Peter sagt im Sandkasten zu Lina: „ _____ her, das ist meins!"

| geben | fassen | machen | ~~halten~~ | werfen | reißen | stellen |

Konjunktiv I, Indirekte Rede

An technischen Hochschulen entwickeln Professoren und Studenten Roboter, die Menschen und ihre Arbeitsprozesse im täglichen Leben unterstützen können. Sie sagen:

– Das Computergehirn eines Roboters lässt sich programmieren.
– Der Roboter erledigt einfache Aufgaben immer wieder gleich.
– Die Idee von menschenähnlichen Maschinen gab es schon vor 2400 Jahren.
– Heute hat der Robotor schon viele Aufgaben von Menschen übernommen.
– Ein Robotor wird nie ein Ersatz für einen Menschen sein.

erläutern feststellen darauf hinweisen deutlich machen

betonen sagen berichten erklären

4. Wandle die Sätze in indirekte Rede um. Für die Einleitungssätze kannst du aus den Vorgaben auswählen. Orientiere dich an dem Beispiel. Arbeite im Heft.

Die Professoren erläutern, dass sich das Computergehirn eines Roboters programmieren lasse.

Präpositionen

Herr und Frau S. machen es sich _____ (vor/nach) dem Abendessen _____ (vor/hinter) dem Fernseher gemütlich. _____ (Zwischen/Aus) der Küche ist das Klappern _____ (von/wegen) Geschirr zu hören. Hier ist der neue Mitbewohner AMAR damit beschäftigt, den Tisch abzuräumen und das benutzte Geschirr _____ (vor/in) die Spülmaschine zu räumen. Dann greift er _____ (ab/nach) dem Besen und kehrt die Brotkrümel _____ (unter/innerhalb) dem Tisch zusammen. AMAR ist ein Menschen ähnlicher Roboter, der speziell als Assistent des Menschen _____ (gegen/für) Serviceleistungen konzipiert wurde und stetig weiterentwickelt wird.

5. Wähle aus, welche Präpositionen du in die Lücken eintragen musst, und streiche die jeweils falschen Präpositionen durch.

Kommaregeln bei verschiedenen Zusätzen anwenden

Schülerbuch S.192 ■ Kommaregeln

Zusätze oder **nachträgliche Erläuterungen**, **Appositionen** sowie **nachgestellte Datums- und Zeitangaben** trennt man vom übrigen Satz durch ein **Komma** ab. Sind diese eingeschoben, schließt man sie in zwei Kommas ein, wobei bei den Datums- und Zeitangaben das letzte Komma freigestellt ist, weil man sie als nachträgliche Erläuterung oder als Aufzählung auffassen kann.

Donnerstag, <u>der 6. Mai 1976</u>(,) war der Katastrophentag.

Am Donnerstag, <u>dem 6. Mai, vormittags</u>(,) krochen die Mäuse aus dem Boden.

Häufige **Einleitewörter** für **nachträgliche Erläuterungen** sind: *und zwar, zum Beispiel, beispielsweise, vor allem, das heißt (d. h.), insbesondere, besonders, nämlich, also, wie.*

Tiere, <u>insbesondere Mäuse</u>, können Erdbeben voraussagen.

Mäuse sagten ein Erdbeben voraus, <u>und zwar in der italienischen Region Friaul</u>.

Die **Apposition** ist eine Beifügung zu einem Substantiv ohne Einleitungswort. Sie bestimmt das vorausgegangene Substantiv näher und ist in ihrem Kern selbst ein Substantiv. Sie steht im gleichen Kasus wie ihr Bezugswort.

Die Maus, <u>ein Nagetier</u>, verhält sich bei Erdbeben auffällig.

---

1. Markiere in dem folgenden Text alle Zusätze und nachträglichen Erläuterungen.

2. Setze die fehlenden Kommas in dem Text.

Am Donnerstag dem 1. November des Jahres 1755 fand eine der größten Naturkatastrophen auf europäischem Boden statt nämlich das große Erdbeben von Lissabon.
Lissabon die Hauptstadt Portugals war bislang eine der glanzvollsten Handelsstädte der Neuzeit gewesen besonders wegen ihrer Seeverbindungen in alle Teile der Welt. Doch Donnerstag der 1. November 1755 besiegelte das Schicksal der Stadt in erschütternder Weise. Unzählige Menschen genauer gesagt die Über-lebenden der Stadt flüchteten sich nach dem Erdbeben in den Hafen, um den Gefahren vor allem den Trümmern zu entkommen. Dort sahen sie, dass das Meer zurück-gewichen war. Schiffs-wracks und zerstörte Handelsware waren auf dem Seeboden zu sehen. Dann plötzlich kam die Flutwelle und zwar ein Tsunami von kaum vor-stellbaren Ausmaßen.

Adverbialsätze erkennen

Schülerbuch S.197 ■ Adverbialsätze

 Adverbialsätze sind Adverbialbestimmungen und haben die Funktion eines Satzgliedes. Man nennt sie deshalb auch **Gliedsätze**. Sie informieren über nähere **Umstände und Zusammenhänge von Handlungen**. Nach Art der Information unterscheidet man:

Adverbialsatz	Information/Umstand	Fragen	z. B. eingeleitet durch
Temporalsatz	Zeit	Wann? Wie lange? Seit wann? Bis wann?	*als, während, bis, bevor, ehe, nachdem, wenn, sobald, solange*
Lokalsatz	Ort, Richtung	Wo? Wohin? Woher?	*wo, wohin, woher*
Modalsatz	Art und Weise	Wie? Auf welche Art und Weise?	*dass, indem, (so) wie, (anders) als, ohne dass, als ob, (je) desto*
Kausalsatz	Grund, Ursache	Warum? Weshalb? Wieso? Weswegen?	*weil, da, zumal*
Finalsatz	Zweck, Absicht	Wozu? Zu welchem Zweck?	*damit, auf dass*
Konditionalsatz	Bedingung	Unter welcher Voraussetzung, Bedingung?	*wenn, falls, sofern*
Konsekutivsatz	Folge	Mit welcher Folge, Wirkung?	*sodass, so …, dass, als dass*
Konzessivsatz	Einräumung, Gegengrund	Trotz welcher Umstände?	*obwohl, obgleich, obschon, wenngleich, wenn auch*

1. Bilde passend zum Text auf Seite 60 Satzgefüge mit verschiedenen Adverbialsätzen.

Temporalsatz:

Lokalsatz:

Modalsatz:

Kausalsatz:

Finalsatz: *Die Menschen rannten zum Hafen, damit sie den Trümmern entkamen.*

Konditionalsatz:

Konsekutivsatz:

Konzessivsatz:

2. In dem folgenden Text sind die Adverbialsätze unterstrichen. Ordne ihnen aus den Vorgaben die passenden Wortgruppen zu, indem du jeweils die richtige Nummer in Klammern setzt. Orientiere dich an dem Beispiel. Überlege, welche Form der Adverbialbestimmung den Text verständlicher macht.

Obwohl Johann Jakob Moritz schon viel in der Welt herumgekommen war (5), lernte er erst vor wenigen Wochen die portugiesische Hauptstadt Lissabon kennen. Er arbeitete dort als Bevollmächtigter in einer Hamburger Handelsniederlassung. Es war der Vorabend des 1. November 1755. Bevor der Abend anbrach ( ), war Johann nochmals in sein Kontor gegangen, damit die letzten Frachtbriefe unterschrieben werden konnten ( ). Diese brachte er schon zum Hafen hinunter, weil er früh am nächsten Morgen mit einem deutschen Handelsschiff auslaufen wollte ( ). Erst als das erledigt war ( ), traf er sich mit einem Bekannten zum Abendessen.

1 vor Abendanbruch

2 zum Unterschreiben der Frachtbriefe

3 nach Erledigung seiner Aufgaben

4 wegen seines frühen Auslaufens mit dem Schiff

5 trotz seines Herumkommens in der Welt

3. Schreibe hinter die Nummern, wie du den entsprechenden Adverbialsatz aus Aufgabe 2 erfragen kannst. Orientiere dich an dem Beispiel.

(1): _____

(2): _____

(3): _____

(4): _____

(5): *Trotz welcher Umstände?* _____

Als Mitternacht schon lange vorbei war, verabschiedete sich Johann von seinem Begleiter. Da er das pünktliche Auslaufen seines Schiffes nicht verpassen wollte, begab er sich direkt zum Hafen. Er erreichte rechtzeitig sein Schiff, wo bereits alles zur Abfahrt vorbereitet war. Nachdem das Schiff schon eine Weile den Hafen verlassen hatte, begann plötzlich die Erde zu beben. Die Sonne war
5 fast nicht mehr zu sehen. Während die Seeleute angstvoll die plötzliche Windstille und fernes Gewittergrollen bemerkten, wurden sie auch schon von einer riesigen Tsunami-Welle erfasst, die das Schiff zur Seite sinken ließ und in die Tiefe riss. Obwohl der Schoner unter den Wellen begraben schien, wurde er sogleich wieder emporgerissen. Weiße Gischtwellen begleitet von zuckenden Blitzen peitschten das Schiff umher, bis es Mittag wurde. Dann beruhigte sich der Sturm und es wurde
10 heller, sodass der Schaden am Schiff begutachtet werden konnte. In Richtung Hafen erblickten die Seeleute Verwüstung und Zerstörung. Indem sie Gott dankten, dass sie noch am Leben waren, schöpften sie neue Kraft und setzten die Fahrt fort.

4. Suche alle Adverbialsätze in dem Text auf Seite 62 und unterstreiche sie.

5. Schreibe die Adverbialsätze ab und bestimme sie näher. Orientiere dich an dem Beispiel.

Als Mitternacht schon lange vorbei war, ...   – Temporalsatz (Wann?)

Objekt- und Subjektsätze erkennen

Schülerbuch S. 200 ■ Objekt- und Subjektsätze

Nebensätze (Gliedsätze) können auch die Rolle des Objekts oder Subjekts in einem Satz übernehmen. In diesem Fall spricht man von **Objekt-** oder **Subjektsätzen**. Sie werden wie Subjekte und Objekte erfragt.

Wissenschaftler haben herausgefunden, dass Tsunamis durch starke Erdbeben entstehen.
Objektsatz → *Wen/ Was haben Wissenschaftler herausgefunden?*

Dass ein Tsunami eine hohe Flutwelle ist, ist allgemein bekannt.
Subjektsatz → *Wer/ Was ist allgemein bekannt?*

1. Unterstreiche in dem folgenden Text alle Subjekte mit Rot und alle Objekte mit Blau.

Die Bezeichnung Tsunami kommt aus dem Japanischen. Sie wird verwendet für über zehn Meter hohe Flutwellen. Erdbeben unter dem Seeboden lösen solche Monsterwellen aus. Dass es Tsunamis gibt, ist schon lange dokumentiert. Bereits die alten Griechen wussten, was ein Tsunami ist. 479 v. Chr. berichtet der griechische Historiker Herodot, dass persische Belagerer von einer gewaltigen Flutwelle erfasst wurden. Sie hatten angenommen, dass man den plötzlich freigelegten Meeresboden gefahrlos überqueren könnte. Auf diesem Weg wollten sie einen Überraschungsangriff durchführen. Was dann geschah, war eine böse Überraschung. Urplötzlich kehrte das Meer zurück und begrub die Angreifer unter sich.

2. Schreibe die Objekt- und Subjektsätze aus dem Text heraus.

Objektsätze:

_____

_____

_____

Subjektsätze:

_____

_____

_____

3. Bilde aus den unterstrichenen Satzgliedern mithilfe der Vorgaben Objekt- und Subjektsätze.

Der Auslöser von Monsterwellen ist inzwischen bekannt. (Subjektsatz mit „was")

_____

Die Wissenschaftler wissen allerdings noch keine Lösung für das Problem. (Objektsatz mit „wie")

_____

Die Überschwemmung ganzer Landstriche muss in Zukunft verhindert werden. (Subjektsatz mit „dass")

_____

4. Unterstreiche in dem folgenden Text die Subjektsätze mit Rot und die Objektsätze mit Blau.
Setze alle fehlenden Kommas.

Wodurch Tsunamis entstehen ist heutzutage bekannt. Die Forscher haben herausgefunden dass Tsunami-Wellen durch Erdbeben unter der Wasseroberfläche ausgelöst werden. Dabei schieben sich zwei Erdplatten am Meeresboden übereinander. Wissenschaftler erklären dass das ruckartige Anheben des Meeresbodens dabei der Auslöser für den Tsunami sei.

5 Was genau passiert wird erläutert: Teile des Meeresbodens sacken ab während andere nach oben gedrückt werden. Es heißt dass durch das Beben die Wassermassen darüber gewaltig in Schwingungen versetzt werden. Wie sich dabei die Wassermengen zu riesigen Wassersäulen auftürmen können Computeranimationen zeigen. Sie veranschaulichen auch wie sich die Wassermassen wellenartig auf das Land zubewegen und es überschwemmen.

10 Aber nicht jedes Seebeben hat eine solche Überflutung zur Folge. Ob ein Tsunami tatsächlich entsteht hängt zum Beispiel auch von der Meerestiefe an der Stelle des Bebens ab. Fachleute meinen dass die Beschaffenheit der Küste ebenfalls eine Rolle dabei spiele.

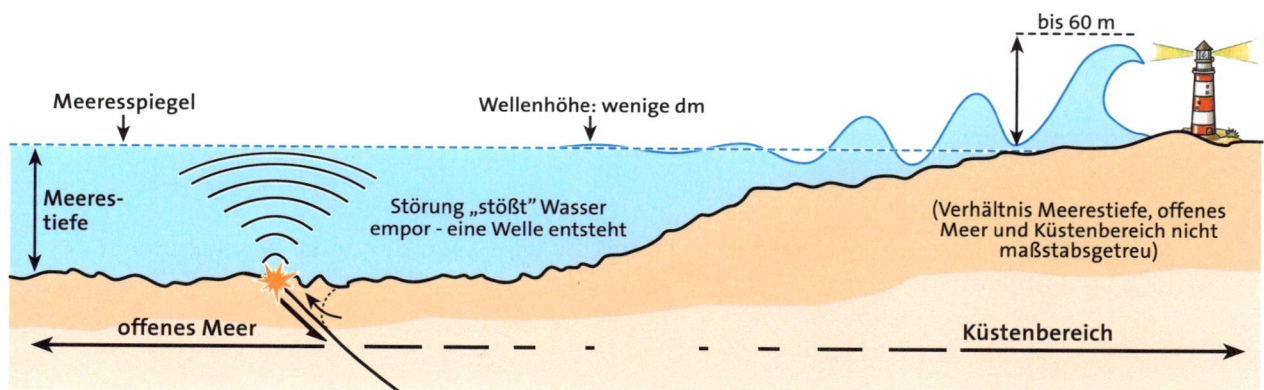

Schaubild zur Entstehung eines Tsunamis

5. Verfasse mithilfe der Informationen aus den vorgegebenen Sätzen einen Text zum Thema „Tsunami-Frühwarnsysteme", der Subjekt- und Objektsätze enthält. Verbinde dazu immer zwei Sätze mithilfe der Formulierung in Klammern zu einem sinnerhaltenden neuen Satz.

Fühler am Meeresboden erkennen etwas. Ein Seebeben findet statt. (erkennen, dass)

Fühler am Meeresboden erkennen, dass ein Seebeben stattfindet.

Die Fühler leiten die Stärke des Bebens weiter. Eine Boje an der Meeresoberfläche erhält die Angaben zur Stärke. (wie stark)

_____

_____

_____

Die Boje funkt dann etwas an ein Erdbebenzentrum. Das Erdbebenzentrum erfährt den Wert des Bebens auf der Richterskala. (welchen Wert)

_____

_____

Daraufhin entscheiden Wissenschaftler etwas. Ein Tsunami wird voraussichtlich ausgelöst. (ob ein Tsunami)

_____

_____

_____

Dann erst erfahren die Menschen an Land etwas über die Medien. Ein Tsunami rollt auf ihre Küste zu. (dass ein Tsunami)

_____

_____

_____

Etwas wird sehr unterschiedlich bewertet. Die verbleibende Zeit für die Rettung der Menschen wird unterschiedlich eingeschätzt. (wie viel Zeit)

_____

_____

_____

Die Wissenschaftler gehen von etwas aus. Der Zeitfaktor wird auch durch die Beschaffenheit des Meeresbodens und der Küste beeinflusst. (gehen davon aus, dass)

_____

_____

_____

● Infinitiv- und Partizipialgruppen erkennen

Schülerbuch S. 202 ■ Infinitivgruppen

Infinitive mit _zu_ können die Funktion von Glied- oder Attributsätzen übernehmen. Darum kann man sie vom übrigen Satz durch **Komma** abgrenzen. Ein **Komma muss** aber unbedingt **gesetzt werden** vor _um, anstatt, statt, außer, ohne, wie_ (1), wenn die Infinitivgruppe durch ein hinweisendes Wort angekündigt wird, wie _dazu, daran, darauf, es_ (2) oder wenn die Infinitivgruppe von einem Substantiv abhängt (3).

(1) _Man arbeitet mit Tsunami-Frühwarnsystemen, <u>um</u> nicht mehr überrascht zu werden._ (Finalfunktion)
(2) _Die Frühwarnsysteme dienen <u>dazu</u>, Tsunamis rechtzeitig zu melden._ (Objektfunktion)
(3) _Geologen geben die <u>Empfehlung</u>, Frühwarnsysteme zu installieren._ (Attributfunktion)

1. Suche in dem folgenden Text alle Infinitive mit *zu* und markiere sie. Orientiere dich an dem Beispiel.

2. Setze, wo es nötig ist, die fehlenden Kommas. Markiere die entsprechenden Hinweiswörter. Orientiere dich an dem Beispiel.

Als die britische Biologin Rachel Grant Ende März 2009 in der Gegend der italienischen Stadt L'Aquila war, **um** das Laichverhalten von Kröten <u>zu untersuchen</u>, beobachtete sie Außergewöhnliches. Zu Beginn ihrer Studie hatte sie 90 Krötenmännchen gezählt, die gekommen waren um sich eine Braut zu suchen. Aber anstatt sich ordnungsgemäß zur Laichzeit am örtlichen See zu tummeln

5 hatten sie sich fünf Tage vor dem Erdbeben aus dem Staub gemacht. Ohne auf ihre weiblichen Gefährtinnen Rücksicht zu nehmen waren etwa 96 % der Herren plötzlich verschwunden. Natürlich war auch kein Krötenlaich mehr zu finden. Wenige Tage nach dem Erdbeben war aber Vollmond, für Kröten eine absolute Aufforderung sich zu paaren. Das motivierte immerhin rund 50 % der Krötenmännchen zum ursprünglichen Austragungsort zurückzukehren. Aber erst zwei Tage nach

10 dem letzten der schweren Beben trauten sich alle Männchen wieder dorthin.

So amüsant die Geschichte auch ist, die Ergebnisse der Studie dienen dazu die schrumpeligen erdbraunen Amphibien auf ihre Tauglichkeit als Erdbeben-Frühwarnsystem zu überprüfen. Rachel Grants Überlegungen basieren darauf das Krötenverhalten während der Vor- und Nachphase des Bebens beobachtet zu haben. Ihre Ergebnisse bieten Anlass einer möglichen Erdbebenwarnung

15 durch Kröten nachzugehen. Grant äußerte die Vermutung, dass Veränderungen im Erdmagnetfeld dazu führten die Tiere frühzeitig auf ein kommendes Erdbeben aufmerksam zu machen.

Schülerbuch S. 203 ■ Partizipialgruppen

 Partizipialgruppen besitzen als Kern entweder das Partizip Präsens (Partizip I/Infinitiv + -*d*) oder das Partizip Perfekt (Partizip II). Sie können eine attributive oder eine adverbiale Funktion haben. Sie **können** durch **Komma** vom übrigen Satz abgetrennt werden, wenn man die Gliederung des Satzes verdeutlichen oder Missverständnisse vermeiden will. Ein **Komma muss** gesetzt werden, wenn die Partizipialgruppe mit einem hinweisenden Wort oder einer Wortgruppe angekündigt wird (1) oder bei einem Substantiv oder Pronomen als nachgestellte Erläuterung/ Zusatz anzusehen ist (2).

(1) *Die Zerstörung ihrer Stadt fassungslos betrachtend, <u>so</u> traf man die Bewohner an.* (Modalfunktion)

(2) *<u>Die Menschen</u>, vom Leid geplagt, bauten ihre Stadt wieder auf.* (Attributfunktion)

3. Unterstreiche in den folgenden Sätzen die Partizipialgruppen und setze die fehlenden Kommas.

4. Formuliere die Partizipialgruppen in Attribut- oder Gliedsätze um.

Das Deutsche GeoForschungsZentrum (GFZ) in Potsdam seit 1992 bestehend beschäftigt sich unter anderem mit Erdbeben.

_____

_____

_____

Denn auch in Deutschland weltweit zwar nicht als Haupterdbebengebiet ausgewiesen finden doch seismische Aktivitäten statt. Es werden regelmäßige Messungen durchgeführt.

_____

_____

_____

In Gebieten im Rheinland, auf der Schwäbischen Alb, in Ostthüringen und Westsachsen durch Erdbeben gefährdet muss immer wieder mit einem solchen Naturereignis gerechnet werden.

_____

_____

_____

In immer wiederkehrenden Zeitabständen auftretend so können schwache, mittlere und starke Beben in Deutschland klassifiziert werden.

_____

_____

_____

Hamaguchi (frei nach Koizumi Yakumo)

Solange die Japaner denken können, werden ihre Küsten von ungeheuren Überschwemmungen heimgesucht, hervorgerufen durch Erd- oder Seebeben. Sie werden von ihnen Tsunami genannt. Hamaguchi Gohei, ein alter und angesehener Bürger seines Dorfes, wohnte einer solchen Katastrophe bei. Noch bevor es losging, stand er neben seinem Haus auf einer Berghöhe und blickte in

5 sein Dorf hinunter, wo, insbesondere wegen der guten Ernte, das Reisfest vorbereitet wurde. Über das Dorf hinweg schauend, sah er auf das Meer hinaus, um die Bewegungen des Wassers zu beobachten. Der zehnjährige Tada, sein Enkel, war bei ihm. Als Hamaguchi auf die Bucht hinausblickte, bemerkte er einen langsam andauernden, gleichsam ziehenden Erdstoß, offenbar das Nachzittern irgendeines schweren Bebens draußen auf See. Unten im Dorf ging das bunte Treiben weiter. Nie-

10 mand meinte wohl, dass man sich beunruhigen müsste.

1. In dem Textausschnitt kommen Zusätze/nachträgliche Erläuterungen, Adverbialsätze, Objektsätze, Infinitive mit *zu* sowie Partizipialgruppen vor. Unterstreiche sie mit unterschiedlichen Farben. Trage die Häufigkeit ihres Vorkommens in die Kästchen ein.

Adverbialsatz: ☐   Infinitiv mit *zu*: ☐   Partizipialgruppe: ☐

Zusatz/Erläuterung: ☐   Objektsatz: ☐

2. Gestalte die folgende Fortsetzung der Geschichte interessanter und abwechslungsreicher, indem du die erlernten Satzstrukturen verwendest. Arbeite im Heft.

Das Beben hörte auf. Hamaguchi richtete seine alten Augen angstvoll auf das Dorf. Die Meeresfläche hatte sich plötzlich verfinstert. Sie bewegte sich gegen den Wind vom Lande weg. Die Dorfbewohner waren zum Strand gelaufen. Sie wollten das ungewöhnliche Schauspiel sehen. Sie hatten immer schon am Meer gelebt. Der Meeresboden war ihnen aber unbekannt. Ihnen war alles unter Wasser fremd. Sie erblickten algenbedeckte Felsen und zerwühlte Sandflächen. Keiner ahnte etwas. Die Ebbe hatte etwas zu bedeuten. Hamaguchi war es schnell klar. Hier stand etwas Schreckliches bevor.

3. In dem folgenden Textausschnitt fehlen die Kommas. Ergänze sie und erläutere, warum du ein Komma gesetzt hast. Orientiere dich an dem Beispiel. Arbeite im Heft.

Hamaguchi überlegte, wie viel Zeit man brauchen würde um die Dorfbewohner zu warnen bevor die Flutwelle vom Meer zurückkam. Er forderte Tada seinen Enkel auf eine Fackel anzuzünden. Schnell und doch jeden seiner Schritte bedenkend begann er die Reisgarben auf den Feldern unterhalb seines Hauses anzuzünden. Als die Dorfbewohner sahen dass Hamaguchis Reisfelder lichterloh brannten rannten sie geschlossen den Berghang hinauf weil sie ihm helfen wollten. Nachdem alle Dorfbewohner oben angekommen waren prallte auch schon die Flutwelle mit solcher Wucht an die Küste dass die Höhen erzitterten. Hamaguchi hatte sie alle gerettet.

... überlegte, wie viel Zeit ... – Objektsatz

○ **EXTRA: Üben**

Adverbialsätze

1. 📑 Der folgende Text ist unvollständig, da Informationen über nähere Umstände und Zusammenhänge fehlen. Überarbeite ihn, indem du an den passenden Stellen die Adverbialsätze aus den Kästen einfügst. Arbeite im Heft.

Es gibt einen Zusammenhang zwischen Erdbeben und Vulkanausbrüchen. Erdbeben entstehen häufig dort. Es kommt zu einem Erdbeben. Heißes Magma kann aus dem Erdinneren entweichen. Es vermischt sich mit gleichzeitig austretendem Gas. Der Druck kann nicht zurückgehalten werden. Ein Vulkanausbruch funktioniert schließlich wie ein Überdruckventil.

wo auch Vulkanausbrüche stattfinden

weil dabei Öffnungen in der Erdkruste entstehen

wenn zwei Erdplatten aneinander reiben

während das Magma sich durch die Risse nach oben drängt

sodass ein starker Druck entsteht

obwohl die Öffnungen in der Erdkruste zunächst nicht sichtbar sind

weil noch Wälder oder Wiesen darüber liegen

damit der entstandene Druck entweichen kann

Infinitive mit *zu*

2. Bilde mithilfe der Vorgaben Sätze mit Infinitivgruppen. Wähle dazu für jeden Satz den passenden Infinitiv aus dem Kasten aus und vergiss nicht, die Kommas zu setzen. Orientiere dich an dem Beispiel.

(1) Es kann interessant sein … (sich über Erdbeben, Tsunamis und Vulkanausbrüche)

Es kann interessant sein, sich über Erdbeben, Tsunamis und Vulkanausbrüche zu informieren.

(2) Es ist nicht so leicht … (die Bedingungen für die Entstehung von Erdbeben)

_____

(3) Besonders spannend muss es sein … (einen Vulkan bei seinem Ausbruch)

_____

(4) Man muss schon lange suchen … (Vulkangestein mit Versteinerungen von Schnecken oder Insekten)

_____

~~informieren~~   beobachten   finden   verstehen

3. Bilde aus den vorgegebenen Satzteilen sinnvolle Sätze mit Infinitivgruppen. Verbinde die passenden Satzteile durch Linien. Orientiere dich an dem Beispiel.

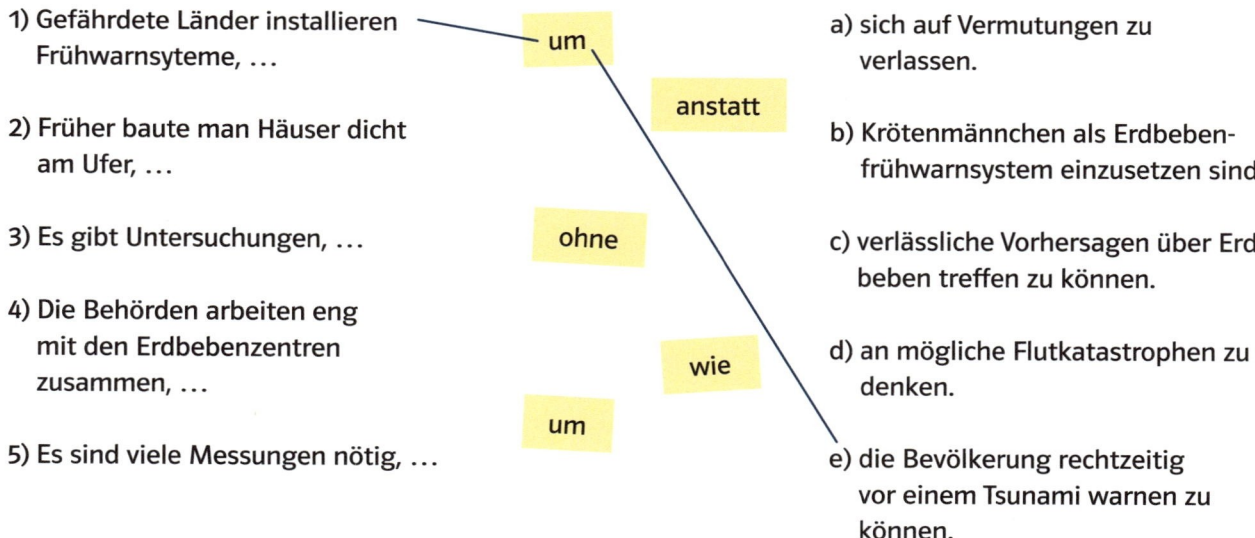

1) Gefährdete Länder installieren Frühwarnsyteme, …

2) Früher baute man Häuser dicht am Ufer, …

3) Es gibt Untersuchungen, …

4) Die Behörden arbeiten eng mit den Erdbebenzentren zusammen, …

5) Es sind viele Messungen nötig, …

um

anstatt

ohne

wie

um

a) sich auf Vermutungen zu verlassen.

b) Krötenmännchen als Erdbebenfrühwarnsystem einzusetzen sind.

c) verlässliche Vorhersagen über Erdbeben treffen zu können.

d) an mögliche Flutkatastrophen zu denken.

e) die Bevölkerung rechtzeitig vor einem Tsunami warnen zu können.

Partizipialgruppen

4. Vervollständige die folgende Tabelle. Orientiere dich an dem Beispiel.

Partizip I	lobend		schützend	
Partizip II	*gelobt*	getroffen		ausgewertet

5. Ergänze die Lücken im Text durch passende Partizipien aus der oben stehenden Tabelle und markiere die Partizipialgruppen in den Sätzen.

Die deutsche Bundeskanzlerin reiste nach Jakarta, Indonesien, zu dem dort neu errichteten Tsunami-Zentrum. Ihr Besuch, als wichtige Geste Deutschlands ＿＿＿＿＿＿, fand im Juli 2012 statt. 2004 von einem verheerenden Tsunami ＿＿＿＿＿＿, hatte Indonesien zusammen mit dem Geoforschungszentrum Potsdam dieses Zentrum aufgebaut. Durch ein Frühwarnsystem ＿＿＿＿＿＿, hätte es 2004 nicht zu so hohen Opferzahlen kommen müssen. Auf die Kanzlerin bei ihrem Besuch ＿＿＿＿＿＿, erklärten ihr deutsche und indonesische Experten stolz die Arbeitsweise des Warnsystems vor Ort. Informationen aus rund 300 Messstationen ＿＿＿＿＿＿, braucht das Warnsystem nur etwa fünf Minuten nach einem Beben, um die Bevölkerung zu warnen. Da in letzter Zeit häufiger heftige Tsunamis in der Gegend auftraten, war das Warnsystem, die Bevölkerung ＿＿＿＿＿＿, von besonders großer Bedeutung.
Die Einrichtung ＿＿＿＿＿＿, hob die Kanzlerin das Zentrum als gutes Beispiel deutsch-indonesischer Zusammenarbeit hervor.

Zeitangaben richtig schreiben

Schülerbuch S. 208 ■ Zeitangaben

Viele Zeitangaben sind **Substantive** und werden deshalb **großgeschrieben**. Du erkennst sie an ihren **Begleitern** (z. B. Artikel, Artikel mit Präposition, Präposition).

der Abend, *am* Mittwoch

Auch **nach Adverbien** wie *vorgestern, gestern, morgen*, schreibst du die Tageszeiten groß.

heute Mittag

Zeitangaben, die du **durch Adverbien** ausdrückst, werden **kleingeschrieben**. Du erkennst sie manchmal am **Suffix –s**.

heute, gestern, morgens, mittags, mittwochs

1. Sieh dir den Stundenplan der Klasse 7d an und ergänze die Lücken im Text.

Zeit	Montag	Dienstag	Mittwoch	Donnerstag	Freitag
7:45–8:30	Mathe	Sport	Erdkunde	Sport	Physik
8:30–9:15	Mathe	Sport	Erdkunde	Sport	Physik
	PAUSE		PAUSE	PAUSE	
9:35–10:20	Bio	Musik	Deutsch	ITG	Englisch
10:20–11:05	Bio	Musik	Deutsch	Englisch	Englisch
	PAUSE		PAUSE	PAUSE	
11:25–12:10	Deutsch	Englisch	Französisch/ Latein	BK	Mathe
12:10–12:55	Deutsch	Englisch	Französisch/ Latein	BK	Mathe
	PAUSE		PAUSE	PAUSE	
14:00–14:45	Geschichte		Religion/Ethik		
14:45–15:30	Geschichte		Religion/Ethik		

Am _____ (MONTAG-MORGEN) hat die Klasse eine Doppelstunde Mathe. _____ (VORMITTAGS) folgen je eine Doppelstunde Biologie und Deutsch. Geschichte steht _____ (NACHMIT-TAGS) auf dem Plan. Anschließend haben die Schüler frei, aber gegen _____ (ABEND) müssen sie ihre Hausaufgaben machen. Sport hat die Klasse immer _____ (DIENSTAGS) und _____ (DON-NERSTAGS), Musik nur jeden _____ (DIENSTAG). _____ (MONTAGS) und auch jeden _____ (MITTWOCH) dauert der Unterricht mit acht Stunden bis weit in den _____ (NACHMITTAG). Religion/Ethik wird _____ (MITTWOCHNACHMITTAGS) unterrichtet. _____ (FREITAGS), am _____ (MORGEN) gibt es Physikunterricht. Abgeschlossen wird die Schulwoche _____ (FREITAGMITTAG) mit einer Doppelstunde Mathe, bevor die Schüler ins verdiente Wochenende gehen und am _____ (SAMSTAGMORGEN) ausschlafen können.

2. Beschreibe in einem zusammenhängenden Text den Ablauf deiner eigenen Schulwoche. Verwende dabei möglichst viele Zeitangaben. Arbeite im Heft.

Ortsangaben richtig schreiben

Schülerbuch S. 208 ■ Ortsangaben

Von geografischen Namen **abgeleitete Wörter auf -er** schreibt man immer groß.
    *die Brem**er** Stadtmusikanten, das Freiburg**er** Münster*
Die von geografischen Namen **abgeleiteten Adjektive auf -isch** schreibt man klein, wenn sie nicht
Bestandteil eines Eigennamens sind.
    *franz**ösisch**es Baguette, böhm**isch**e Dörfer, italien**isch**er Salat*
    aber: *der Atlantische Ozean*
Alle zu einem **mehrteiligen Eigennamen** gehörigen Adjektive, Partizipien, Pronomen und Zahlwörter
schreibt man in der Regel groß. Meere, Gebirge und Landschaften auf *-isch* sind zum Beispiel Teil eines
Namens und werden deshalb großgeschrieben.
    der Atlantische Ozean, das Kap der Guten Hoffnung, Vereinige Staaten von Amerika

1. Setze Groß- oder Kleinbuchstaben in die Lücken ein und markiere den entsprechenden Buchstaben.
Wenn du richtig eingesetzt hast, erhältst du aus den markierten Buchstaben einen Lösungssatz, den du
im Erdkundeunterricht nutzen kannst.

	groß	klein
____chwäbische Alb	N	W
____chwäbische Küche	O	I
____ndischer Tee	R	E
____ndischer Ozean	O	D
____riechischer Salat	E	H
____chweizer Berge	N	U
____hinesische Seide	N	E
____amburger Hafen	S	D
____iener Schnitzel	E	W
____ranzösische Revolution	I	E
____ranzösische Sprache	S	F
____olländischer Gouda	T	E
____olländisches Königshaus	E	W
____elgische Pralinen	N	A
____anarische Inseln	S	O
____damer Käse	C	S
____panischer Wein	T	H
____ölner Dom	E	U
____ayrischer Wald	N	T

Verben getrennt schreiben und zusammenschreiben

Schülerbuch S. 210 ■ Verben

> Meist werden Verbindungen mit Verben als **Wortgruppen** aufgefasst und deshalb **getrennt geschrieben**.
> *essen gehen, Bus fahren, dafür sein*
> Entsteht dagegen ein **neues, zusammengesetztes Wort**, musst du **zusammenschreiben**.
> *fernsehen, feststellen*
> Bei der Unterscheidung von getrennt und zusammengeschriebenen Wörtern achte auf die **Bedeutung** und auf die **Betonung**. Wenn die **Bedeutung** der Bestandteile **verblasst** und eine **neue Gesamtbedeutung** entstanden ist, dann schreibe zusammen.
> *schwarzfahren, teilnehmen*
> Zusammengesetzte Verben haben meist nur einen **Hauptakzent**. Bei Wortgruppen dagegen sind **beide Bestandteile betont**.
> *vorwärtsfahren, vorwärts einparken, freisprechen, frei sprechen, zusammenbauen, zusammen bauen*
> Im **Zweifelsfall** verwendest du am besten ein **Wörterbuch**.

1. Entscheide dich bei den folgenden Sätzen für die richtige Schreibweise und streiche die falschen Vorgaben durch.

Wer schlechte Zensuren hat, kann in der Schule (sitzenbleiben / sitzen bleiben / Sitzen bleiben / Sitzenbleiben).

Das Abschreiben sollte man dennoch (bleiben lassen / Bleiben lassen / Bleibenlassen / bleibenlassen).

Am Wochenende will Carla (Klettern lernen / Kletternlernen / kletternlernen / klettern lernen) und mit ihrem Hund (Spazieren gehen / Spazierengehen / spazierengehen / spazieren gehen).

Montagabend werden Leons Eltern (essen gehen / Essen gehen / Essengehen / essengehen).

Deshalb will er zu Hause lange (Fernsehen / fernsehen / fern sehen / Fern sehen).

2. Ordne die folgenden Verben einander zu und bilde jeweils einen Satz. Orientiere dich an dem Beispiel.

einkaufen	lassen	*Lukas und seine Mutter wollen gemeinsam einkaufen fahren.*
schätzen	fahren	_____
rechnen	bleiben	_____
laufen	üben	_____
sitzen	gehen	_____
spazieren	lernen	_____

3. Vervollständige den folgenden Lückentext, indem du die Vorgaben an passender Stelle einfügst. Entscheide, ob du getrennt oder zusammenschreiben musst.

GROSSSCHREIBEN   GUTSCHREIBEN   KLEINSCHREIBEN   LEICHTVERSTEHEN

Die neuen Matheübungen können nur wenige Schüler _____ . Trotzdem hoffen alle,

dass sie die anstehende Mathematikarbeit _____ werden.

Minna hat ihr Handy aufgeladen, der Netzbetreiber wird ihr innerhalb eines Tages

25 Euro _____.

Manche aus der Klasse schreiben immer wieder falsch von der Tafel ab. Doch selbst wenn

der Lehrer sehr _____, sollten die Schüler zumindest wissen, ob man ein Wort

_____ oder _____ muss.

4. Erkläre die Bedeutungen der getrennt und zusammengeschriebenen Verben. Du kannst ein Wörterbuch benutzen.

frei sprechen _____

freisprechen _____

davon kommen _____

davonkommen _____

zusammen fahren _____

zusammenfahren _____

wieder holen _____

wiederholen _____

zusammen fahren

zusammenfahren

5. Bilde mit den Verben aus Aufgabe 4 für jede Schreibweise einen Beispielsatz.

_____

_____

_____

_____

_____

_____

_____

_____

6. Entscheide, ob die Verben getrennt oder zusammengeschrieben werden und schreibe die Sätze richtig ab.

Bei uns wird Teamgeist (großgeschrieben / groß geschrieben).

_____

Ich habe (groß geschrieben / großgeschrieben), damit man es auch in der letzten Reihe lesen kann.

_____

Bei einem Referat solltest du möglichst (frei sprechen / freisprechen).

_____

Man muss die Baustellen weitläufig (um fahren / umfahren).

_____

Beim Arzt soll der Patient sich (frei machen / freimachen).

_____

Die Flecken sind (davon gekommen / davongekommen), dass jemand Tinte verschüttet hat.

_____

7. Trage die Verben getrennt oder zusammengeschrieben in die Textlücken ein. Achte auf die Betonung und die Bedeutung.

Tipps für einen gelungenen Vortrag

Einem guten Vortrag geht eine gründliche Vorbereitung voraus. Deshalb musst du dich zunächst

intensiv mit deinem Thema _auseinandersetzen_ (AUSEINANDERSETZEN) und Informationen

_____ (ZUSAMMENTRAGEN). Hierbei solltest du _____

(DARANDENKEN), nicht nur Internetquellen, sondern auch Bücher oder Fachzeitschriften zu nutzen.

Im nächsten Schritt musst du dir _____ (ÜBERLEGEN), wie du deinen

Vortrag gliederst. Den Zuhörern sollte der inhaltliche Aufbau deines Vortrages

_____ (DEUTLICHWERDEN).

Mögliche Fragen solltest du _____ (VORHERSEHEN) und beantworten können,

damit nichts Überraschendes auf dich _____ (ZUKOMMEN) kann. Auswendig

lernen musst du deinen Vortrag nicht, aber es ist ratsam, ihn öfter zu _____

(WIEDERHOLEN), bis du dich sicher fühlst. Bevor du beginnst, solltest du noch einmal tief

_____ (DURCHATMEN) und mit beiden Beinen _____ (FESTSTEHEN).

Du solltest laut und deutlich _____ (VORTRAGEN) und _____

(FREISPRECHEN). Denke daran, deinen Zuhörern zugewandt zu sein, du kannst deinen Blick auch

langsam _____ (UMHERSCHWEIFENLASSEN).

Gib am Ende noch einmal eine knappe Zusammenfassung und dem Publikum die Möglichkeit,

Rückfragen _____ (ZUSTELLEN).

8. Bilde mit den folgenden Verben Satzpaare, durch die der Bedeutungsunterschied deutlich wird.

festhalten   fest halten

_____

_____

_____

zusammenschreiben   zusammen schreiben

_____

_____

_____

9. Setze die Substantive und Verben sinnvoll zusammen und entscheide, ob sie getrennt oder zusammengeschrieben werden müssen.

Substantive	Verben
Salat	essen
Auto	nehmen
Heim	führen
Schach	lernen
Eis	fahren
Wett(e)	werden
Kopf	haben
Leid	spielen
Rad	laufen
Irre	tun
Angst	machen
	stehen
	rechnen

getrennt:

Salat essen, _____

_____

zusammen:

_____

_____

10. In dem folgenden Wortgitter sind zwölf Wörter versteckt, die sich mit *sein* verbinden lassen. Suche sie heraus und schreibe die Verbindungen auf.

	A	B	C	D	E	F	G	H	I	J	K
1	b	v	o	r	ü	b	e	r	x	j	l
2	e	z	a	u	s	v	a	b	ü	v	w
3	i	u	r	a	m	o	q	g	p	n	y
4	s	f	t	l	o	r	z	p	c	g	n
5	a	r	j	s	c	h	u	l	d	k	ä
6	m	i	n	a	t	a	r	e	z	z	f
7	m	e	d	ü	h	n	ü	i	u	p	d
8	e	d	h	e	x	d	c	t	ä	d	a
9	n	e	s	a	m	e	k	e	l	j	b
10	j	n	d	a	f	n	g	ä	y	h	e
11	m	g	z	u	s	a	m	m	e	n	i

vorüber sein, _____

_____

_____

_____

_____

11. Schreibe auf, wie ein guter Lehrer für dich sein bzw. nicht sein sollte. Nutze dabei möglichst viele Verbindungen mit dem Verb *sein*.

Das kannst du jetzt! ☆

Das dessauer Diktat

heute, an einem mittwochmorgen, schreibt die Klasse 7a eines dessauer Gymnasiums in der Dritten Stunde ihr erstes Diktat. Einige Schüler sind aufgeregt und fragen sich, ob es wohl sehr schwer wird.
Über Zwei Wochen lang hat die Klasse Morgens in der Schule rechtschreiben
5 geübt. Die Schüler haben Übungsdiktate geschrieben und Arbeitsblätter bearbeitet. In einer Übung sollten sie zum Beispiel die richtige Schreibweise von Tageszeiten üben und einen kurzen Text über ihren Schulalltag verfassen.
In einem Übungsdiktat ging es darum, dass ein Schüler zurzeit in englisch auf 5 steht und nicht weiß, ob er damit versetztwerden oder sitzenbleiben würde.
10 In der letzten Deutschstunde am montag wurden noch einmal die wichtigsten Rechtschreibregeln besprochen. Einige Wörter und Beispiele, die Vorgestern besprochen wurden, kommen nun tatsächlich im Diktattext vor. Der Klasse 7a kann niemand mehr weis machen, dass man für Diktate nicht lernenkann.
Die Schüler sind sich darüber im klaren, dass Diktate im allgemeinen zwar
15 unbeliebt sind, dass aber das einhalten von Regeln beim Schreiben helfen kann.
Am Ende des Diktates sagt die Lehrerin: „Lest euch den Text nochmals gründlich durch und achtet auf Signalwörter!"

1. In Victorias Diktat haben sich einige Fehler eingeschlichen. Überprüfe den Text genau und unterstreiche alle falsch geschriebenen Wörter.

2. Berichtige die Fehlerwörter in der Randspalte. Ordne sie anschließend in die Tabelle ein.

Groß-/Kleinschreibung	Zusammen-/Getrenntschreibung

○ **EXTRA: Üben**

Zeitangaben

1. Entscheide, welche der folgenden Zeitangaben klein- und welche großgeschrieben werden, und sortiere sie in die Tabelle ein.

HEUTE   IN DER FRÜHE   MITTAGS   JETZT   MORGEN MITTAG   TÄGLICH

HEUTE ABEND   VORGESTERN   JEDEN NACHMITTAG   DONNERSTAGS   ÜBERMORGEN

BALD   AM FRÜHEN MORGEN   NACHTS   GESTERN   AM SONNTAG

klein	groß	erste/s Wort/Wörter klein, letztes Wort groß	erste/s Wort/Wörter groß, letztes Wort klein

2. 📖 Bilde mit jeder Zeitangabe aus Aufgabe 1 einen Beispielsatz. Arbeite im Heft.

Verben getrennt schreiben und zusammenschreiben

3. Trage die gelb unterlegten Verben von Seite 81 in richtiger Schreibweise in die Lücken ein. Orientiere dich an dem Beispiel.

Das Unwetter ließ sich nicht _vorhersagen_ .

Dass du keine Lust hast, hättest du mir _____ müssen.

Der Tannenbaum ist so groß und schwer, dass ihn Vater und Sohn _____ müssen.

Anna und ihre Freundinnen wollen viele verschiedene Rezepte _____ .

Nils muss seinen Hund an einer Laterne _____ , wenn er in den Supermarkt geht.

„Du musst deine Schnürsenkel _____ !", ermahnt die Oma ihren Enkel.

Das Gericht wird den Angeklagten sicher nicht _____ .

Ein Manager sollte bei seinen Vorträgen _____ und nicht nur seine Notizen ablesen.

Die Bank wird am Ende des Jahres ihren Kunden Zinsen auf ihr Festgeld _____ .

Lara kann mit ihrem neuen Füller _____ und er liegt ihr angenehm in der Hand.

fest binden / festbinden

frei sprechen / freisprechen

gut schreiben / gutschreiben

vorher sagen / vorhersagen

zusammen tragen / zusammentragen

4. Schreibe unter jedes Bild, was die Person gerade macht. Überlege, ob das Verb getrennt oder zusammengeschrieben werden muss.

_____   _____   _____

_____   _____   _____

5. Suche aus der Wortschlange die Verb-Verb-Verbindungen und Adjektiv-Verb-Verbindungen heraus und schreibe sie auf. Achte auf korrekte Getrennt- und Zusammenschreibung. Orientiere dich an der Vorgabe.

sitzenbleibeneinkaufengehenleichtfallengefangennehmenrichtigliegenkalt
lassenwissenlassenspazierengehenklarmachenschiefgehenstehenbleiben

Zusammenschreibung:

_____

_____

Getrenntschreibung:

sitzen bleiben

_____

Grammatik

1. Lies den folgenden Text. Setze alle notwendigen Kommas und nummeriere sie der Reihe nach. Orientiere dich an dem Beispiel.

Dem Täter auf der Spur – Am Ort des Verbrechens

Jeder Polizist kann plötzlich an einen Ort des Verbrechens gerufen werden,*(1)* an dem ein Toter vielleicht bereits mehrere Tage liegt. Wer ein zartes Gemüt hat ist da fehl am Platze. Am Tatort angekommen muss der Beamte die Lage genauestens untersuchen. Oberste Regel am Tatort ist es nichts zu verändern. Diese Regel muss unbedingt beachtet werden denn jede Handlung kann wichtige

5   Spuren verwischen. Rauchen sich irgendwo anlehnen oder hinsetzen sind grundsätzlich verboten. Jeder Polizist muss bei einem regungslos daliegenden Menschen zunächst prüfen ob noch Leben in ihm steckt. Der Beamte muss das Opfer vielleicht umdrehen um dies herausfinden zu können. Sobald ein Polizist am Tatort eingetroffen ist muss er diesen weiträumig absperren damit nicht Neugierige wichtige Spuren zerstören die zur Aufklärung des Verbrechens hilfreich sein könnten. Dazu

10 gehören auch Zugangs- und Fluchtwege etwa das Treppenhaus der Fahrstuhl oder der Gartenweg. Die Personalien anwesender Leute müssen notiert werden sodass sie später als Zeugen befragt werden können. Natürlich muss jener Beamte der Erstermittler vor Ort nun sofort andere Kollegen alarmieren die dann die weitere genaue Spurensicherung übernehmen. In allen Kriminalpolizei-Dienststellen gibt es spezielle Kommissionen zur Bearbeitung von Tötungs-

15 delikten auch Mordkommission genannt. Bei schweren Straftaten wie beispielsweise Raubmord oder Mord aus Rache kann es bei der Aufklärung auf jede Minute ankommen. Immerhin ist es möglich dass der Mörder weitere Verbrechen plant die man natürlich unbedingt verhindern will. Obwohl Kriminalpolizisten die notwendigen Handgriffe und Verhaltensweisen am Tatort gelernt haben passieren ihnen immer wieder Fehler. Gerade junge Kriminalisten in allen Aufgaben theore-

20 tisch geschult müssen noch manch praktische Erfahrung sammeln.

Komma in Satzverbindung/Satzgefüge:		Komma bei Aufzählung	_____
Hauptsatz, Nebensatz	_____	Komma bei Subjektsatz	_____
Nebensatz, Hauptsatz	_____	Komma bei Infinitivgruppe mit *zu*	_____
Hauptsatz, Hauptsatz	_____	Komma bei Partizipialgruppe	_____
vor Relativsatz	*1*_____	Komma bei nachträglicher Erläuterung	_____
vor Objektsatz	_____	Komma bei Apposition	_____

2. Ordne die von dir ergänzten Kommas den entsprechenden Regeln zu, indem du ihre Nummern auf Seite 82 unten einträgst. Orientiere dich an dem Beispiel.

3. In einem Fall aus Aufgabe 1 ist die Kommasetzung freigestellt. Unterstreiche den entsprechenden Satz im Text und erläutere die Regel.

_____

_____

_____

4. ▦ Zeichne zu den markierten Sätzen die Satzbilder. Arbeite im Heft.

5. ▦ Unterstreiche im Text alle Adverbialsätze. Erfrage sie und bestimmte ihre Art. Äußere dich dazu, welche Funktion die Adverbialsätze in diesem Text erfüllen. Arbeite im Heft.

6. Setze in die Lücken *das* oder *dass* ein. Begründe deine Entscheidung, indem du bestimmst, ob es sich um ein Relativpronomen (RP) oder die Konjunktion *dass* (K) handelt.

Was verrät die Wohnung über Opfer und Täter?

Sind alle deutlich ersichtlichen Spuren festgehalten, achten die Beamten der Mordkommission darauf, _dass (K)_ ihnen auch die weniger offensichtlichen Hinweise nicht entgehen. Finden sie z. B. einen Notizzettel oder ist das Telefonbüchlein, _____ ansonsten in der Schublade liegt, aufgeschlagen, dann könnte auf Hinweise zum Täter geschlossen werden. Schubladen und

5 Schranktüren werden vorsichtig mit einem durch das Schlüsselloch gestecken Bleistift geöffnet, so _____ keine Spuren zerstört werden und alles, _____ zur Aufklärung der Tat beitragen könnte, aufgefunden wird. Entdeckt man irgendwo vielleicht ein Sparkassenbuch, _____ über auffällige Geldbewegungen Auskunft gibt? Sind Geld oder Schmuckgegen- stände noch da, kann man sicherlich davon ausgehen, _____ ein Raubmord wahrschein-

10 lich nicht in Betracht kommt. Dann liegt sicher ein anderes Tatmotiv vor, _____ aber noch erschlossen werden muss. Zum Tatort gehört nicht nur die Wohnung, sondern auch die nähere Umgebung wie das Treppenhaus, _____ der Täter wahrscheinlich zur Flucht benutzt hat. Zur Tataufklärung befragen die Kripobeamten die Familienangehörigen, die Nachbarn und die Ar- beitskollegen. Nur die Wenigsten wollen wahrhaben, _____ oft nebensächliche Kleinigkei-

15 ten wichtig sein könnten, obwohl das ja immer wieder in den Fernsehkrimis deutlich wird. Wichtig ist alles, _____ vom alltäglichen Lauf der Dinge abwich. Immer wieder müssen die Beam- ten feststellen, _____ jemand felsenfest von einem bestimmten Sachverhalt überzeugt ist, der sich später als Fehlurteil herausstellt, _____ nun klar erkennbar ist.

Rechtschreibung

1. Ergänze die Lücken im Text, indem du die Wörter in Klammern in richtiger Schreibweise einsetzt. Bei den markierten Verben musst du neben der Getrennt- und Zusammenschreibung auch die Groß- und Kleinschreibung beachten.

Der Alligator – Ein Beispiel für Sonnenkraftnutzer

Während sich die Menschen immer noch die Köpfe über Vor- und Nachteile der Solarenergie

_____ (heiß / reden), sollten sie sich an den Alligatoren ein _____ (B / bei-

spiel / nehmen). Wer sie näher _____ (kennen / lernen), staunt darüber, was sie vollbrin-

gen. Sie überleben nämlich, indem sie sprichwörtlich „Sonnenenergie tanken" und wie aufladbare

5 Batterien funktionieren. Im Vergleich zu Vögeln und Säugetieren, deren Körpertemperatur mit

rund 37 Grad Celsius immer _____ (gleich / bleiben), sind Alligatoren wechselwarme

Tiere, die ihre Körpertemperatur der Außentemperatur anpassen. So kann man z.B. in den frühen

Morgenstunden nach einer recht kalten Nacht nicht selten _____ (fest / stellen), dass

ein Krokodil völlig regungslos an einem Wasserloch liegt, obwohl direkt vor seinem Maul die fettes-

10 ten Brocken _____ (entlang / spazieren). Da sie nachts keine Energie tanken konn-

ten, müssen sie damit _____ (M / maß / halten) und haben Herz, Hirn und Lunge auf

Sparflamme geschaltet. Sobald sie die Sonnenstrahlen _____ (wahr / nehmen), können

diese Tiere ihre „Batterie" recht schnell _____ (auf / laden) und ihre Körpertemperatur

_____ (hoch / fahren). Dabei kennen sie einige Kniffe, um möglichst schnell auf 32 bis 35 Grad Körper-

15 temperatur zu kommen. Krokodile sind beispielsweise fähig, besonders viel Blut unter den dicken

Panzer zu pumpen, um die aufgenommene Sonnenwärme schnell vom Rücken in den gesamten

Körper zu transportieren. In diesem Power-Zustand vollbringen ihre Organe die höchsten Leistun-

gen und dann können die Krokodile auch wieder _____ (schnell / schwimmen),

_____ (eifrig / jagen) und ihre Beute aus dem Wasser _____ (heraus / schleppen).

2. 📖 Schreibe den Auszug aus einer Schülerzeitung ab und setze dabei die Zeitangaben in Klammern in richtiger Schreibweise ein. Begründe deine Schreibung.

In unserer Schule gibt es seit (g / Gestern) eine ganz neue Arbeitsgemeinschaft, die AG „Zoologi-
scher Garten". Sie wurde (g / Gestern / N / nachmittag) feierlich im Tropenhaus des Zoos gegrün-
det. Seit dem (f / Frühen / m / Mittag) waren auch Reporter der Presse im Zoo dabei. (g / Gegen /
a / Abend) wurde eine kleine Feier veranstaltet. In der regionalen Tageszeitung erschien (h / Heute /
m / Morgen) ein großer Artikel mit mehreren Bildern über das gestrige Geschehen.
Die Mitglieder der AG treffen sich nun jeden (d / Donnerstag / n / Nachmittag) im Zoo. Sie unterstützen die Tierpfleger (n / Nachmittags) bei der Säuberung der Käfige und Freigehege und am
(a / Abend) bei den Fütterungen. Auch (s / Sonntags) und an den freien (s / Sonnabenden) wollen
einige Mädchen und Jungen den Zoo-Mitarbeitern helfen.

Kannst du das? – Hörverstehen

Musik – mit Popstars auf die Laufbahn

1. Höre dir den Hörbeitrag einmal an. Du kannst dir dabei Notizen machen. Bearbeite anschließend die folgenden Aufgaben.

2. Kreuze die richtige Antwort an.

   Welche Situation ist im Hörbeitrag gegeben?

   ☐ Eine Person wird von einer anderen interviewt.

   ☐ Eine Person referiert, eine andere stellt Fragen dazu.

   ☐ Zwei Personen berichten von Sportwettkämpfen.

   ☐ Zwei Personen unterhalten sich miteinander.

3. Kreuze die richtige Fortsetzung des Satzes an.

   Im Hörbeitrag wird dargestellt, dass man beim Sport besser abschneiden kann, wenn man …

   ☐ ganz laute Musik hört.   ☐ ganz langsame Musik hört.

   ☐ recht leise Musik hört.   ☐ relativ schnelle Musik hört.

4. Schreibe die Sportart auf, bei der ein größerer Erfolg durch Musik nachgewiesen werden konnte.

   _____

5. Richtig oder falsch? Kreuze an.

Training mit Musik funktioniert besser, weil man dadurch …	richtig	falsch
abgelenkt wird und weniger über die Anstrengung nachdenkt.		
seine Umwelt nicht mehr wahrnimmt.		
weniger auf die Zeit achtet.		
nicht spürt, wie die Muskeln wehtun.		
deutlich mehr angespornt wird.		

6. Richtig oder falsch? Kreuze an.

Der wissenschaftliche Hintergrund für das gute Zusammenwirken von Sport und Musik besteht darin, dass . . .	richtig	falsch
man durch das Musikhören nicht mehr alles so wichtig nimmt.		
sich der Herzschlag am Tempo der Musik orientiert.		
man versucht, angestrengt mitzusingen.		
ganz bestimmte Bereiche im Gehirn angesprochen werden.		
man bestrebt ist, sich zum Takt zu bewegen.		

7. Schreibe auf, was man mit „beats per minute" misst.

_____

8. Richtig oder falsch? Kreuze an.

Zum Lauftraining und beim Joggen sollte man Musik auswählen, die . . .	richtig	falsch
Hip-Hop-Klänge hat.		
man mag.		
70 – 110 beats per minute hat.		
gut ins Ohr geht.		
möglichst laut ist.		

9. Erkläre auf Grundlage des Hörbeitrags, warum man beim Sport nicht selbst laut singen sollte.

_____

_____

_____

10. Schreibe auf, was im Hörbeitrag empfohlen wird, wenn beim Training das Musikhören nicht möglich ist.

_____

_____

Hausordnung für Jugendherbergen

Das Deutsche Jugendherbergswerk wünscht allen Gästen einen angenehmen und erlebnisreichen Aufenthalt in seinen Jugendherbergen! Unsere Gäste finden nicht nur eine Fülle von Begegnungsmöglichkeiten,
5 sondern treffen auch auf Menschen unterschiedlicher Altersgruppen und Kulturen. Diese haben oftmals individuelle Gewohnheiten, Verhaltensweisen und Bedürfnisse. Die Jugendherbergen haben Hausregeln, die helfen sollen, die unterschiedlichen Bedürfnisse zu be-
10 rücksichtigen und einen spannungsarmen Aufenthalt zu ermöglichen. Die folgenden Grundregeln sollen daher von allen Gästen beachtet werden. Gruppenleiter und Lehrer sind verantwortlich für ihre Gruppen.

Ankunft

Wenn Sie angemeldet sind, können Sie Ihre Ankunfts-
15 zeit mit der Herbergsleitung vereinbaren. Zugesagte Plätze werden bis 18 Uhr freigehalten, danach können sie an andere Gäste vergeben werden.

Wenn Sie nicht angemeldet sind, können Sie telefonisch oder direkt in der Jugendherberge erfahren, ob
20 es freie Plätze gibt.

Wer in einer Jugendherberge übernachtet oder andere Angebote in Anspruch nehmen möchte, muss Mitglied des Deutschen Jugendherbergswerkes oder eines anderen nationalen Jugendherbergverbandes sein.
25 Reisende mit deutscher Anschrift ohne Mitgliedskarte können auch in der Jugendherberge Mitglied werden, ausländische Gäste ohne Mitgliedskarte müssen eine „Internationale Gastkarte" erwerben.

Aufenthalt

30 Die Unterbringung erfolgt in Mehrbettzimmern und in der Regel nach Geschlecht getrennt. Familien können nach Anmeldung in einem Zimmer gemeinsam untergebracht werden, sofern es verfügbar ist.

Wir bitten Sie während Ihres Aufenthaltes um Mit-
35 hilfe. Dazu gehört z. B., dass Sie die von Ihnen genutzten Einrichtungen, Räume und Gegenstände in Ordnung halten und beim Tischdienst helfen.

Die Jugendherbergen haben sich dem Umwelt- und Naturschutz verpflichtet. Darum bitten wir Sie, Abfall
40 getrennt zu sammeln oder ganz zu vermeiden und mit Energie und Wasser sparsam umzugehen.

In Schlafräumen dürfen Speisen weder zubereitet noch gegessen werden. Aus brandschutztechnischen, versicherungs- und gesundheitsrechtlichen Gründen ist die Benutzung von elektrischen Geräten für die 45 Zubereitung von Speisen und heißen Getränken nicht gestattet.

Rauchen ist in der Jugendherberge nicht gestattet.

Der Konsum von mitgebrachten alkoholischen Getränken ist in der Jugendherberge und auf ihrem Ge- 50 lände nicht erlaubt. Alkoholisierte Gäste können des Hauses verwiesen werden.

Tiere dürfen grundsätzlich nicht mitgebracht werden. Insbesondere Blinden- und Servicehunde können in Absprache mit der Herbergsleitung in der Jugendher- 55 berge bleiben.

Jugendherbergen sind in der Regel bis 22 Uhr geöffnet.

Die Nachtruhe beginnt um 22 Uhr und endet um 7 Uhr. Um die Nachtruhe für alle Gäste zu ermögli- 60 chen, werden alle Gäste um Rücksicht gebeten.

Bitte nehmen Sie bei Ihrem Aufenthalt Rücksicht auf andere Gäste, besonders wenn Sie elektronische Geräte benutzen.

Abreise

Die Schlafräume müssen bis 10 Uhr geräumt sein. 65 Nach Absprache mit der Herbergsleitung sind Ausnahmen möglich.

Hausrecht

Die Herbergsleitung oder ein von ihr Beauftragter übt das Hausrecht im Auftrag des Trägers der Jugendherberge aus. 70

Diese können bei Nichtbeachtung der Grundregeln ein Hausverbot aussprechen. Das Hausverbot wird mündlich begründet.

Diese Hausordnung wurde durch Beschluss der Mitgliederversammlung vom 15. November 2008 in Bremen verab- 75 *schiedet.*

1. Kreuze die richtige Fortsetzung des Satzes an.

Die vorliegende Hausordnung für Jugendherbergen wurde verabschiedet ...

☐ von den Jugendherbergen in Deutschland.

☐ vom Jugendherbergswerk.

☐ von der Mitgliederversammlung des Deutschen Jugendherbergswerks.

☐ von den Verantwortlichen für Hausordnungen der Jugendherbergen.

2. Welche Voraussetzung muss erfüllt sein, damit man in einer Jugendherberge übernachten kann? Unterstreiche im Text die Passage, die darüber Auskunft gibt.

3. Kreuze die richtige Fortsetzung des Satzes an.

Zweck der Hausordnung ist es, …

☐ den unterschiedlichsten Bedürfnissen der Jugendherbergsgäste in allen Einzelheiten gerecht zu werden.

☐ die Herbergsleitungen rechtlich hinsichtlich aller Vorkommnisse abzusichern.

☐ die unterschiedlichen Bedürfnisse der Gäste zu berücksichtigen und ihnen einen spannungsarmen Aufenthalt zu ermöglichen.

☐ den Beauftragten der Herbergsleitungen entsprechende Kontrollen gegenüber den Gästen zu ermöglichen.

4. Kreuze die richtigen Antworten an.

Wer ist für Schülergruppen und Klassen, die sich in einer Jugendherberge aufhalten, verantwortlich?

☐ der Herbergsleiter

☐ der Gruppenleiter

☐ der Beauftragte der Herbergsleitung

☐ der Lehrer

5. Kreuze die richtigen Antworten an.

Wann muss man sich zum Übernachten in einer Jugendherberge am Ankunftstag spätestens dort einfinden?

☐ vor 22.00 Uhr

☐ bei Voranmeldung egal

☐ in der Regel spätestens bis 18.00 Uhr

☐ nach Ankunftszeitvereinbarung mit Herbergsleitung

6. Wie müssen die Sätze A – D richtig fortgesetzt werden? Trage nach jedem Satz die entsprechende Nummer in das Kästchen ein.

A Um die Preise für den Aufenthalt zu reduzieren, … ☐

B Um zum Umweltschutz beizutragen, … ☐

C Um die Sauberkeit zu gewährleisten, … ☐

D Um die Schlafräume sauber zu halten, … ☐

1 wird der Abfall durch die Herbergsgäste getrennt.

2 helfen die Herbergsgäste bei der Säuberung und beim Tischdienst.

3 dürfen die Herbergsgäste nur in den Speiseräumen essen.

4 helfen die Herbergsgäste die genutzten Einrichtungen in Ordnung zu halten.

7. Richtig oder falsch? Kreuze an.

Aussagen	richtig	falsch
Am Abreisetag müssen die Schlafräume wie in jedem Hotel bis 11.00 Uhr geräumt sein.		
Bei Nichtbeachtung der Herbergsregeln kann man vom Herbergsleiter ohne schriftliche Begründung der Herberge verwiesen werden.		
Die Nachtruhe beginnt um Mitternacht und endet früh um 7.00 Uhr.		
Familien werden immer zusammen in einem separaten Zimmer untergebracht.		
Die Unterbringung der Gäste erfolgt in der Regel nach Geschlecht getrennt.		

8. Richtig oder falsch? Kreuze entsprechend an.

Auf den Zimmern ist das Zubereiten und Verzehren von Speisen verboten, weil …	richtig	falsch
sich dadurch die Brandgefahr erhöht.		
die Jugendherbergsküche aus wirtschaftlichen Gründen alle Übernachtungsgäste auch mit Essen versorgen möchte.		
beim Verursachen von Bränden oder dem Entstehen anderer Schäden Probleme mit der Versicherung entstehen könnten.		
für die normgerechte Aufbewahrung und Lagerung von Nahrungsmitteln in den Zimmern keine Voraussetzungen gegeben sind.		
ein erhöhtes gesundheitliches Risiko bestehen könnte, wenn ein Gast andere Gäste auf dem Zimmer versorgt und bekocht.		

Literarischer Text

1. Lies die Anekdote und bearbeite die folgenden Aufgaben.

Kurt Tucholsky: Der Floh

Im Departement* du Gard – ganz richtig, da, wo Nîmes liegt und der Pont du Gard: im südlichen Frankreich – da saß in einem Postbüro ein älteres Fräulein als Beamtin, die hatte eine böse Ange-wohnheit: sie machte ein bisschen die Briefe auf und las sie. Das wusste alle Welt. Aber wie das so in Frankreich geht: Concierge**, Telefon und Post, das sind geheiligte Institutionen, und daran kann

5 man schon rühren, aber daran darf man nicht rühren, und so tut es denn auch keiner. Das Fräulein also las die Briefe und bereitete mit ihren Indiskretionen*** den Leuten manchen Kummer. Im Departement wohnte auf einem schönen Schlosse ein kluger Graf. Grafen sind manchmal klug, in Frankreich. Und dieser Graf tat eines Tages Folgendes: Er bestellte sich einen Gerichtsvollzieher auf das Schloss und schrieb in seiner Gegenwart an einen Freund:

10 *Lieber Freund!*
Da ich weiß, dass das Postfräulein Emilie Dupont dauernd unsre Briefe
öffnet und sie liest, weil sie vor lauter Neugier platzt, so sende ich Dir
anliegend, um ihr einmal das Handwerk zu legen, einen lebendigen Floh.
Mit vielen schönen Grüßen

15 *Graf Koks*

Und diesen Brief verschloss er in Gegenwart des Gerichtsvollziehers. Er legte aber keinen Floh hinein. Als der Brief ankam, war einer drin.

* Departement: Verwaltungsbezirk
** Concierge: Hauswartin/Hausmeisterin
*** Indiskretion: Mangel an Verschwiegenheit, Vertrauensbruch

2. Unterstreiche alle Textstellen, die über den Handlungsort der Geschichte Auskunft geben.

3. Welche Aussage trifft auf die weibliche Hauptperson zu? Kreuze an.

☐ Sie heißt du Gard.

☐ Sie ist Beamtin.

☐ Sie ist ein Fräulein mittleren Alters.

☐ Sie leitet die Poststelle in einer Stadt.

4. Richtig oder falsch? Kreuze an.

Graf Koks ärgert sich über die Frau, weil sie …

Aussagen	richtig	falsch
Indiskretionen begeht.		
Telefonate anderer Menschen abhört.		
Briefe unberechtigt öffnet.		
immer sehr verschwiegen ist.		
den Leuten Kummer bereitet.		

5. Erkläre mit eigenen Worten, wie die folgende Textaussage gemeint ist: „Concierge, Telefon und Post, das sind geheiligte Institutionen, (…) und so tut es denn auch keiner." (Z. 4–5) Arbeite im Heft.

6. Richtig oder falsch? Kreuze an.

Aussagen	richtig	falsch
Graf Koks will, dass das Handeln der Frau entlarvt wird.		
Graf Koks will, dass die Frau vor lauter Neugier platzt.		
Graf Koks will, dass die Frau einen Denkzettel bekommt.		
Graf Koks will, dass der Frau das Handwerk gelegt wird.		
Graf Koks will, dass die Frau von einem Floh gestochen wird und dies jeder sieht.		

7. Ordne die Handlungsschritte nach ihrer zeitlichen Abfolge, indem du sie von 1–6 nummerierst.

Graf Koks ärgert sich. ☐

Graf Koks bestellt den Gerichtsvollzieher. ☐

Eine Frau hält das Postgeheimnis nicht ein. ☐

Die Postbeamtin legt einen Floh in den Brief. ☐

Der Brief kommt bei seinem Freund an. ☐

Graf Koks schreibt einen Brief an seinen Freund. ☐

8. 📖 Erkläre, welche List der Graf anwendet, um das Handeln der Frau offenzulegen. Arbeite im Heft.

9. Kreuze die richtige Fortsetzung des Satzes an.

Der Vorfall wird erzählt von …

☐ einem personalen Erzähler.

☐ einem auktorialen Erzähler.

☐ einem Ich-Erzähler.

☐ Kurt Tucholsky.

10. Kreuze die richtige Fortsetzung des Satzes an.

Der Text sagt aus, dass …

Aussagen	richtig	falsch
die meisten Menschen davor zurückschrecken, gegen bestimmte Institutionen und deren Beschäftigte etwas zu unternehmen.		
in bestimmten Institutionen und bei deren Beschäftigten alles korrekt zugeht und somit keiner an ihnen rühren muss.		
man nur etwas gegen bestimmte Institutionen und deren Beschäftigte erreichen kann, wenn man gewitzt ist.		
man sich ohne Weiteres gegen Fehlverhalten von Beschäftigten in bestimmten Institutionen wehren kann.		

Bastian verbringt den Urlaub mit seiner Familie in den Alpen. Seine Schwester Anna und er sind, was die Landschaft betrifft, nicht immer einer Meinung.

1. Lies die beiden Landschaftsbeschreibungen von Bastian (links) und Anna (rechts) und vergleiche sie.

2. Markiere in den Äußerungen die Formulierungen, die persönliche Eindrücke wiedergeben.

3. Notiere Stichpunkte für eine eigene Beschreibung der abgebildeten Landschaft.

Was sehe ich?

Welche Empfindungen löst das Landschaftsbild bei mir aus?

4. Verfasse auf der Grundlage deiner Stichpunkte eine subjektive Landschaftsbeschreibung. Überprüfe und überarbeite sie im Anschluss. Arbeite im Heft.

Lernspiegel

Der Lernspiegel hilft dir, die Arbeit mit den Tests zu organisieren. Am Anfang steht, was in den Aufgaben von dir verlangt wird. Unter „Einschätzung" kreuzt du das Ergebnis an, das du in den Testaufgaben erzielt hast. Sind dir Aufgaben noch nicht so gut oder gar nicht gelungen (☺ und ☹), dann folge den Verweisen in der letzten Spalte.

Test – Sprache thematisieren (a=Grammatik, b=Rechtschreibung)

Ich kann ...	Einschätzung			Wiederholung
Kommaregeln anwenden. – Aufgaben 1a, 2a, 3a	☺	☺	☹	Schülerbuch S. 192 ff.
Satzbilder zeichnen. – Aufgabe 4a	☺	☺	☹	Schülerbuch S. 192
Adverbialsätze erkennen. – Aufgabe 5a	☺	☺	☹	Schülerbuch S. 197 ff.
Konjunktionen anwenden. – Aufgabe 6a	☺	☺	☹	Schülerbuch S. 186 f.
Verben getrennt schreiben und zusammenschreiben. – Aufgabe 1b	☺	☺	☹	Schülerbuch S. 210 ff.
Zeitangaben richtig schreiben. – Aufgabe 2b	☺	☺	☹	Schülerbuch S. 208 f.

Test – Hörverstehen

Ich kann ...	Einschätzung			Wiederholung
das Thema eines Hörtextes bestimmen – Aufgaben 1, 2	☺	☺	☹	Schülerbuch S. 297 f. Online-Bereich Hörtexte + Arbeitsblätter
einem Hörtext gezielt Informationen entnehmen. – Aufgaben 3, 4, 5, 6, 7, 8	☺	☺	☹	
Schlussfolgerungen aus einem Hörtext ziehen. – Aufgaben 9, 10	☺	☺	☹	

Test – Verstehendes Lesen (a=Sachtext, b=literarischer Text)

Ich kann ...	Einschätzung			Wiederholung
einem Text zielgerichtet Informationen entnehmen. – Aufgaben 1a–8a, 3b, 4b, 6b	☺	☺	☹	Schülerbuch S. 14 ff., 70 ff.
Handlungsorte untersuchen. – Aufgabe 2b	☺	☺	☹	Schülerbuch S. 102, 252
Texte in Handlungsschritte gliedern. – Aufgabe 7b	☺	☺	☹	Schülerbuch S. 70 ff.
Schlussfolgerungen aus einem Text ziehen. – Aufgaben 5b, 8b	☺	☺	☹	Schülerbuch S. 88 ff.
das Erzählverhalten erkennen. – Aufgabe 9b	☺	☺	☹	Schülerbuch S. 80, 254
die Aussageabsicht eines Textes erkennen. – Aufgabe 10b	☺	☺	☹	Schülerbuch S. 94 f.

Test – Schreiben

Ich kann ...	Einschätzung			Wiederholung
subjektive Landschaftsbeschreibungen vergleichend untersuchen. – Aufgaben 1, 2	☺	☺	☹	Schülerbuch S. 56 f.
subjektive Landschaftsbeschreibung vorbereiten, verfassen und überarbeiten. – Aufgaben 3, 4	☺	☺	☹	Schülerbuch S. 58 f.

Fachbegriffe

Begriff	Erklärung	Beispiele	Seite
Adjektiv, das	Eigenschaftswort	*schön, mutig, hässlich*	73
Adverb, das	Umstandswort	*heute, gern, dort, deshalb*	72
Adverbialbestimmung, die	Satzglied, nähere Umstände	*Sie steht **dort schon lange**.*	61
Adverbialsatz, der	Nebensatz, der die Funktion einer Adverbialbestimmung erfüllt	*Wenn wir morgen ins Kino gehen, …*	61
Akkusativ, der	4. Fall, Wen-Fall	*den Vater, die Mutter, das Kind*	–
Akkusativobjekt, das	Satzglied im 4. Fall	*Sie nimmt **das Bild**.*	–
Aktiv, das	Form des Verbs, bei der der Handelnde im Vordergrund steht	***Er** liest das Buch.*	–
Artikel, der	Begleiter des Substantivs	*der, die, das, ein, eine*	72
Attribut, das	Satzgliedteil, genauere Angabe	*Sie nimmt das schöne Bild.*	60
Apposition, die	substantivisches Attribut	*Er gratulierte Alexander, **seinem Enkel**, zum Geburtstag.*	60
Dativ, der	3. Fall, Wem-Fall	*dem Vater, der Mutter, dem Kind*	–
Dativobjekt, das	Satzglied im 3. Fall	*Er gibt **dem Freund** das Bild.*	–
Deklination, die	Beugung von Substantiven, Adjektiven, Pronomen, Artikeln	*dem Kind, meiner blauen Tasche*	73
Demonstrativpronomen, das	hinweisendes Fürwort	*diese, jene, solcher, derjenige*	–
Futur I/II, das	Zeitform des Verbs, Zukunft bzw. in der Zukunft Abgeschlossenes	*Futur I: ich werde gehen, Futur II: ich werde gegangen sein*	–
Genitiv, der	2. Fall, Wessen-Fall	*des Vaters, der Mutter, des Kindes*	–
Genitivobjekt, das	Satzglied im 2. Fall	*Er erinnert sich **des Freundes**.*	–
Genus, das	grammatisches Geschlecht	*maskulin, feminin, neutral*	–
Hauptsatz, der	finites Verb an 1. oder 2. Stelle, kann alleine stehen	*Das Kind schreit laut. Weil es wütend ist, **schreit das Kind laut**.*	82
Imperativ, der	Befehlsform des Verbs	***Komm** mit! **Hilf** mir! **Geht** langsam!*	51
Indikativ, der	Wirklichkeitsform des Verbs	*Er **kommt** mit. Er **hilft** ihr.*	48
indirekte Rede, die	Form der Redewiedergabe	*Sie sagt, er **komme** mit.*	52
Infinitiv, der	Grundform, Nennform des Verbs	*laufen, sprechen, essen*	66
Infinitivgruppe, die	Nebensatz, der einen Infinitiv mit *zu* beinhaltet	*Er kommt mit, um sie zu sehen.*	66
Kasus, der	grammatischer Fall	*Nominativ, Genitiv, Dativ, Akkusativ*	–
Konjugation, die	Beugung des Verbs	*ich bin, du bist, er ist, wir sind*	48
Konjunktion, die	Bindewort	*nebenordnend: und, aber, denn … unterordnend: weil, damit, dass, wenn …*	55
Konjunktiv I/II, der	Möglichkeitsform des Verbs	*I: Sie behauptet, sie **habe** nichts. II: Ich sagte, ich **hätte** nichts.*	48
Modus, der	Kategorie des Verbs, Verhältnis des Sprechers zur Satzaussage	*Imperativ, Indikativ, Konjunktiv*	48
Nebensatz, der	finites Verb an letzter Stelle, kann nicht alleine stehen	***Weil es wütend ist**, schreit das Kind.*	82
Nomen, das	Substantiv, Hauptwort	*Mut, Blume, Häuser*	72

Begriff	Erklärung	Beispiele	Seite
Nominativ, der	1. Fall, Wer-Fall	*der Vater, die Mutter, das Kind*	–
Numerus, der	grammatische Zahl	*Singular, Plural*	–
Objekt, das	Satzglied, Satzergänzung	*Genitiv-, Dativ-, Akkusativobjekt*	64
Objektsatz, der	Nebensatz, Funktion des Objekts	*Er bedauert, **dass er gelogen hat**.*	64
Partizip I/II, das	infinite Verbform, Mittelwort zwischen Verb und Adjektiv	*Partizip I: weinend, springend, Partizip II: geweint, gesprungen*	68
Partizipialgruppe, die	Nebensatz, der mit Partizip I oder Partizip II gebildet wird	*Mit schnellerem Tempo gehend, … Am Treffpunkt angekommen, …*	68
Passiv, das	Form des Verbs, bei der der Handelnde zurücktritt	*Das Buch **wird (von ihm) gelesen**.*	–
Perfekt, das	Zeitform des Verbs, Vergangenheit, eher mündlich	*ich bin gelaufen, es hat geregnet*	–
Personalpronomen, das	persönliches Fürwort	*ich, du, er, sie, es, wir, ihr, sie*	–
Plural, der	Mehrzahl	*die Häuser, die Blumen*	51
Plusquamperfekt, das	Zeitform des Verbs, Vorvergangenheit	*ich war gelaufen, es hatte geregnet*	–
Possessivpronomen, das	besitzanzeigendes Fürwort	*mein, dein, sein, ihr, unser, euer*	–
Prädikat, das	verbales Satzglied, Satzkern	*Sie **nimmt** das Buch.*	–
Prädikativ, das	Sonderform des Prädikats, Prädikatsteil	*Sie ist **Lehrerin**. Sie heißt **Frau Mayer**.*	–
Präfix, das	Vorsilbe	***ver**sprechen, **Be**stellung*	–
Präposition, die	Verhältniswort	*auf, in, mit, für, neben, trotz*	55
Präpositionalobjekt, das	Satzglied mit Präposition	*Wir denken **an dich**.*	55
Präsens, das	Zeitform des Verbs, Gegenwart	*ich laufe, er liest, es regnet*	51
Präteritum, das	Zeitform des Verbs, Vergangenheit, eher schriftlich	*ich lief, er las, es regnete*	48
Redebegleitsatz, der	vor oder nach wörtlicher Rede	*„Es regnet heute", **sagte er**.*	52
Relativpronomen, das	bezügliches Fürwort	*der, die, das, welcher, welche, welches*	83
Relativsatz, der	durch Relativpronomen eingeleiteter Nebensatz, Form des Attributs	*Sie nimmt das Buch, **das auf dem Tisch liegt**.*	83
Satzgefüge, das	zusammengesetzter Satz aus HS und NS	*Ich hörte Musik, als ich nach Hause kam.*	82
Satzglied, das	Teil des Satzes	*Subjekt, Objekt, Prädikat*	61
Satzverbindung, die	auch: Satzreihe, zusammengesetzter Satz aus HS und HS	*Ich kam nach Hause und ich hörte zuerst Musik.*	82
Singular, der	Einzahl	*das Haus, die Blume, ein Tier*	–
Subjekt, das	Satzglied, Satzgegenstand	***Sie** nimmt das Buch.*	64
Subjektsatz, der	Nebensatz, Funktion des Subjekts	***Wer fleißig ist**, bekommt eine Belohnung.*	64
Substantiv, das	Nomen, Hauptwort	*Mut, Blume, Häuser*	72
Substantivierung, die	Wörter, die wie Substantive gebraucht werden	*beim Springen, etwas Großes*	–
Suffix, das	Nachsilbe	*Bestell**ung**, versprech**en***	72
Synonyme, die	Wörter mit sehr ähnlicher oder gleicher Bedeutung	*Ehemann, Gatte, Gemahl*	22
Verb, das	Tätigkeitswort	*laufen, einkaufen, regnen*	74
wörtliche Rede, die	Rede von Figuren im Text	*„Es regnet heute", sagte er.*	52

Text- und Bildquellennachweis

Textquellen

S. 4: aus: Übelacker, Erich: Die Zeit. Was ist was, Band 22, Tessloff Verlag 1990, S. 42–43; **S. 5f.:** aus: Übelacker, Erich: Die Zeit. Was ist was, Band 22, Tessloff Verlag 1990, Vorwort; **S.6f.:** http://www.kindernetz.de/infonetz/thema/zeit/sommerzeit/-/id=22416/nid=22416/did=22468/jos703/index.html, Autor: Holger Neumann, Letzte Änderung am 27. März 2013, eingesehen am 28.05.13; **S.7f.:** http://www.kindernetz.de/infonetz/thema/zeit/innereuhr/-/id=22416/nid=22416/did=22488/1o26q65/index.html, Autor: Holger Neumann, Letzte Änderung am 16. März 2007, eingesehen am 28.05.13; **S. 9:** http://www.netdoktor.at/kind/innere_uhr.shtml, eingesehen am 28.05.2013, Oliver Lanner, freier Journalist bei NetDoktor.de; **S. 10:** aus: Übelacker, Erich: Die Zeit. Was ist was, Band 22, Tessloff Verlag 1990, S. 10, 30–37; **S. 16:** http://www.br-online.de/kinder/fragen-verstehen/klaro/lupe/2006/01374/, Autorin: Karen Zoller, eingesehen am 28.05.2013, Bayerischer Rundfunk, Anstalt des öffentlichen Rechts, München; **S. 18:** aus: Reichardt, Hans: Foto und Film. Was ist was, Band 63, Tessloff Verlag Nürnberg 1993, S. 12, 15; **S. 20:** aus: Heine, Heinrich: Die Harzreise, Verlag von Philipp Reclam Jun. Leipzig 1946, S. 47; **S. 24ff.:** aus: von Haar, Jaap ter: Behalt das Leben lieb, dtv Junior, München 2010, S. 7–10, 48–53, Übers. v. Hans-Joachim Schädlich; **S. 29:** aus: Reiner Kunze: Die wunderbaren Jahre, Fischer Taschenbuch Verlag, Frankfurt a.M. 1978, S. 26–28; **S. 30:** aus: Yüksel Pazarkaya: Heimat in der Fremde? Drei Kurzgeschichten, Ararat Verlag, Stuttgart 1980, S. 7–17, die Übers. ins Dt. besorgte d. Autor selbst. Sprachl. Übungsteil von Yüksel Pazarkaya; **S. 32ff.:** aus: Federica de Cesco: Freundschaft hat viele Gesichter, Rex Verlag, Luzern, 1986; **S. 36:** aus: Johann Peter Hebel. Schatzkästlein des Rheinischen Hausfreundes, hrsg. von Winfried Theiss, Philipp Reclam jun., Stuttgart 1981, S. 48 ff.; **S. 37:** aus: Johann Peter Hebel. Schatzkästlein des Rheinischen Hausfreundes. Hildesheim/New York: Olms 1980, Nachdr. d. Ausg. Stuttgart/Tübingen 1864, S. 63–65; **S. 38:** aus: Kristiane Allert-Wybranietz (Hrsg.): Abseits der Eitelkeiten. Heyne Verlag. München 1987, S. 23; **S. 40:** aus seinem 1901 bei L. Staackmann in Leipzig erschienenen Band Stimmen des Mittags–Neue Dichtungen; **S. 43:** aus: Hans-Joachim Gelberg: Überall und neben dir, Gedichte für Kinder und Erwachsene, Beltz & Gelberg, Weinheim Basel 2010, S. 210; **S. 44:** aus: Robert Gernhardt: Reim und Zeit, Gedichte, Reclams Universal-Bibliothek, Erweiterte Ausgabe 2009, Philipp Reclam jun. GmbH & Co. KG, Stuttgart, S. 132; **S. 45:** aus: Heinz, Jürgen Kliewer und Ursula Kliewer: Die Wundertüte, Alte und neue Gedichte für Kinder, Philipp Reclam jun. GmbH & Co. KG, Stuttgart, 2005, S. 36f.; **S. 46:** aus: Erich Kästner: Das verhexte Telefon. Atrium Verlag, Zürich, 1954; **S. 47:** aus: Robert Gernhardt: Reim und Zeit, Gedichte, Reclams Universal-Bibliothek, Erweiterte Ausgabe 2009, Philipp Reclam jun. GmbH & Co. KG, Stuttgart, S. 140; **S. 69:** aus: Kurt Lütgen: Japan aus erster Hand. Geschichte und Gegenwart Nippons in Berichten und Dokumenten Verlag, Arena Verlag, Würzburg 1978, S. 98; **S. 82f.:** aus: Köthe, Rainer: Kriminalistik. Dem Täter auf der Spur. Was ist was, Bd. 98. Tessloff Verlag, Nürnberg 1994, S. 15 ff.; **S. 84:** aus: Gaede, Peter-Matthias (Hrsg.): Geolino extra Nr. 21 Gruner + Jahr AG und Co KG, Hamburg, 2009, S. 36 ff.; **S. 87:** http://rheinland.jugendherberge.de/AGB/Hausordnung, DJH-Service-Center Rheinland, Düsseldorf; **S. 90:** aus: Hans Exenberger: Kurt Tucholsky lebt …: Das Beste von Kurt Tucholsky, Ungekürzte Ausgabe, Johann Exenberger (Herausgeber), Tucholsky-Buch-Verlag, 2006, S. 17

Lösungsteil S. 8: Heinz, Jürgen Kliewer und Ursula Kliewer: Die Wundertüte, Alte und neue Gedichte für Kinder, Phillipp Reclam jun. GmbH & Co. KG, Stuttgart, 2005, S. 36 f.; **S. 14:** aus: Köthe, Rainer: Kriminalistik. Dem Täter auf der Spur. Was ist was, Bd. 98. Tessloff Verlag, Nürnberg 1994, S. 15 ff.

Bildquellen

Cover.U1 rechts Klett-Archiv (Rainer Enkelmann, Filderstadt), Stuttgart; **Cover.U1.links** akg-images, Berlin; **Cover.U4 links** shutterstock (JonMilnes), New York, NY; **Cover.U4 rechts** Jason de Caires Taylor, http://www.underwatersculpture.com © VG Bild-Kunst, Bonn 2013 [Jason Taylor: Volkswagen beetle as a coral reef]]; **7** Picture-Alliance, Frankfurt; **21.a** Thinkstock (iStockphoto), München; **21.b** Fotolia.com (doris oberfrank-list), New York; **22.a** Thinkstock (Jupiterimages), München; **22.b** Fotolia.com (Bombaert Patrick), New York; **23** Thinkstock (iStockphoto), München; **48.a** Corbis (Bettmann), Düsseldorf; **48.b** Getty Images (Apic/Hulton Fine Art Collection), München; **49.a** akg-images, Berlin; **49.b** Mauritius Images (Alamy), Mittenwald; **56** Getty Images (MICKE Sebastien), München; **57** Süddeutsche Zeitung Photo (Rue des Archives/PVDE), München; **59** Getty Images, München; **60** akg-images (North Wind Picture Archives), Berlin; **65** Klett-Archiv (Wolfgang Schaar), Stuttgart; **67** ddp images GmbH (Alexander Heimann), Hamburg; **84** iStockphoto (niknikon), Calgary, Alberta; **92** Picture-Alliance (Bildagentur Huber), Frankfurt